ベースキャンプ（BC）から
臨むチョ・オユーの頂

標高8000m台に広がる台地を歩く
（チョ・オユー）

サミットプッシュの途上（チョ・オユー）

ダウラギリのキャンプ（C）2にて。彼方にアンナプルナが見える

真っ白な雪に映えるテント
（チョ・オユー）

BCへ荷物を運ぶヤクの群れ（チョ・オユー）

ダウラギリのBCで見上げた星空

C1-BC間の斜面を下る（ダウラギリ）

下降中、BCの手前で（ダウラギリ）

登頂し、下ってきたダウラギリをふり返る

写真撮影：中島健郎

下山の哲学

登るために下る

竹内洋岳

太郎次郎社
エディタス

はじめに

頂上に着いただけでは終わらない

標高8000mを超える世界は「デスゾーン」と呼ばれます。そこは文字どおり、生命の痕跡すら感じない場所。私たちが続けてきた登山は、そのデスゾーンへ足を踏みいれ、登頂し、なんとか生きて帰ってくる、そのくり返しでした。大切なのは登頂することではなく、登頂して無事に帰ってくることです。

頂上はゴールでも折り返し地点でもありません。登山の行程はひとつの「輪」のようなものです。頂上が輪のどこに位置するかは、ゴールしてはじめてわかること。頂上は地形的な最高地点ですが、登山という行為のピークは、かならずしも頂上ではありません。登山をひとつの輪と考えたとき、「登り」と「下り」は一体で、分ける必要もない。「登頂した」と言えるのは、頂上に着いたときではなく、ベースキャンプに帰ってきたときだと考えています。

一方で、登山をテーマにした本やドラマで、下山の行程に光が当たることはありありませんでした。登頂をクライマックスとして物語が語られていく。たしかに、「山頂」はだれにとってもわかりやすい「ゴール」でしょう。しかし、じっさいに登山をしていると、山頂がゴールだと思うことはありません。

私はよく、８０００m峰の登山を、底が見えない深い沼や池に潜ることに例えます。息を止めて水底まで潜っていき、息が続くうちに水面に浮上してくる。水底に達したからといって息はつけない。８０００m峰の頂上も同じです。着いたあとはあわてず、しかしスピーディーに、パニックにならないよう自制して、エネルギーが残っているうちにBCまで帰ってこなければなりません。息が続くうちに帰ってこなければならない下山中は、ゆっくりと記録をつけることすら許されないことがほとんどです。記録の少なさも、これまで下山に光が当たらなかった一因かもしれません。

登山では「リタイア」ができません。どんなに苦労して登頂しても、あるいは途中であきらめるとしても、かならず自分で下山しなければならない。だから、「降りてくる」という行為は重要で尊いものです。降りてくるからこそ、つぎの登山ができる。下山はつぎの登山への準備であり、助走でもあるのです。

Contents

Ⅲ 生還するために 2005→2007

Ⅳ ヒマラヤへの復活 2008→2009

V 14サミット完全下山 2010→2012 ——— 199

ヒマラヤ8000m峰14座

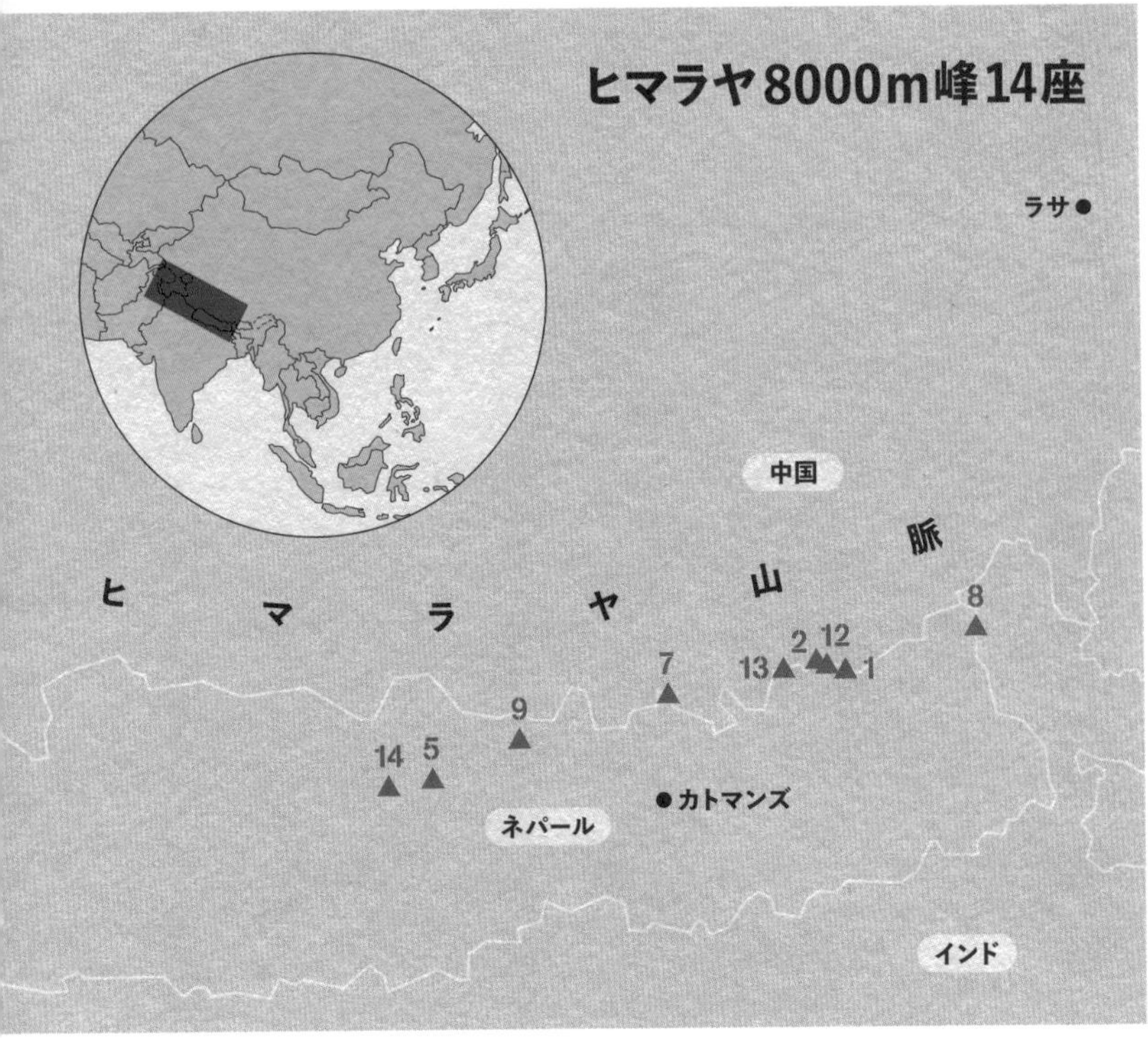

5 **Annapurna**
アンナプルナ
8091m

6 **Gasherbrum I**
ガッシャーブルムI峰
8068m

7 **Shishapangma**
シシャパンマ
8027m

8 **Kangchenjunga**
カンチェンジュンガ
8586m

1 **Makalu**
マカルー
8463m

2 **Everest**
エベレスト
8848m

3 **K2**
K2
8611m

4 **Nanga Parbat**
ナンガパルバット
8126m

▲内の番号は著者による登頂順

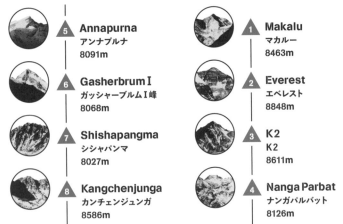

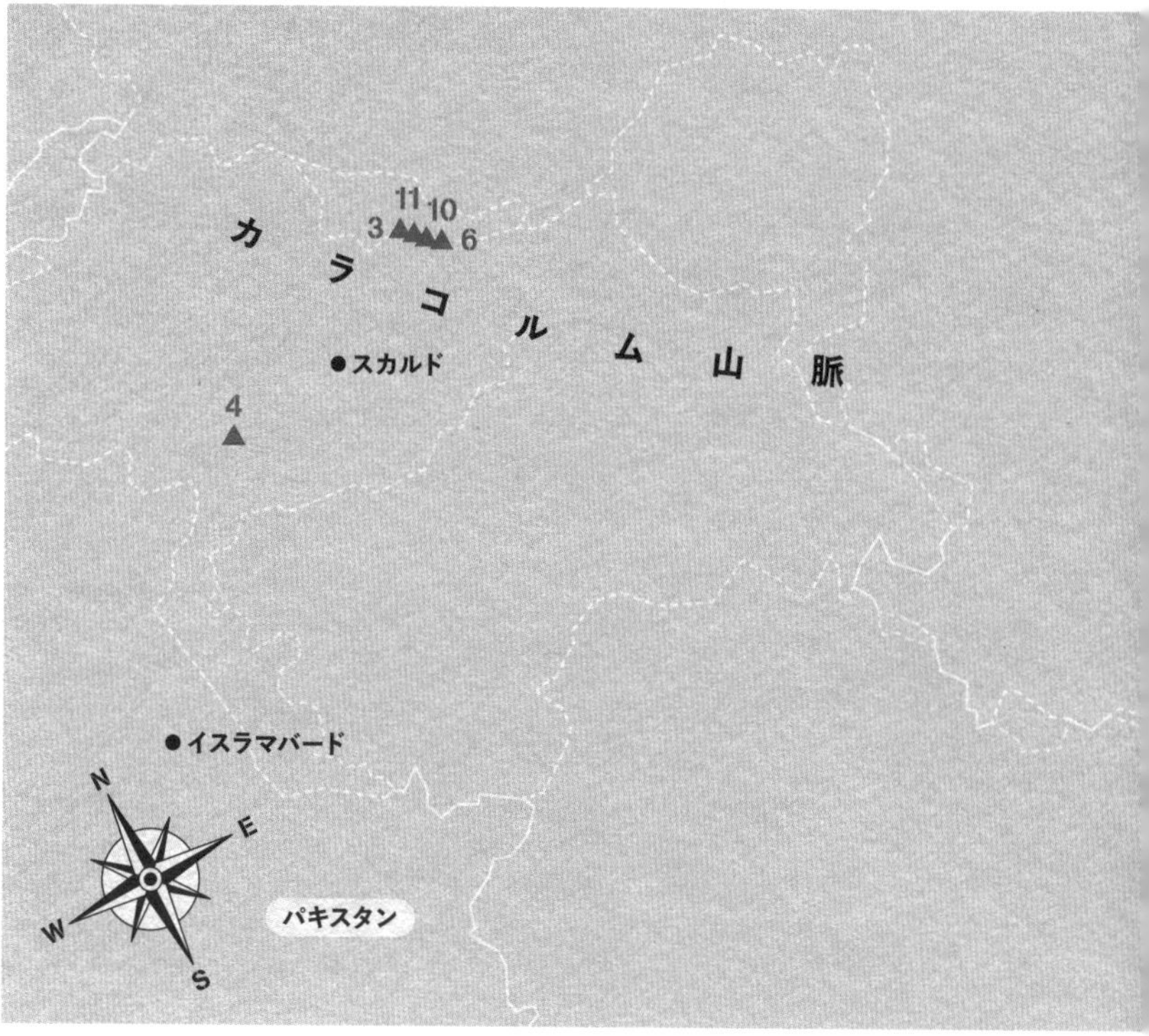

13 **Cho Oyu**
チョ・オユー
8201m

14 **Dhaulagiri**
ダウラギリ
8167m

9 **Manaslu**
マナスル
8163m

10 **Gasherbrum Ⅱ**
ガッシャーブルムⅡ峰
8035m

11 **Broad Peak**
ブロードピーク
8051m

12 **Lhotse**
ローツェ
8516m

1 マカルー

〝花崗岩で黒く光る鉛筆の先〟

標高：8463m（世界第5位）
位置：中国（チベット）／ネパール
初登頂：1955年5月15日　フランス隊（ジャン・クジー、リオネル・テレイ）
日本人初登頂：1970年5月23日　日本山岳会東海支部学術遠征隊（田中元、尾崎祐一）　※世界第2登、南東陵ルート世界初

竹内洋岳の登頂 **1995年5月22日**（5月25日、BCへ下山完了）

2 エベレスト

天空の世界最高峰

標高：8848m（世界第1位）
位置：中国（チベット）／ネパール
初登頂：1953年5月29日　イギリス隊（エドモンド・ヒラリー、テンジン・ノルゲイ）
日本人初登頂：1970年5月11日　日本山岳会エベレスト登山隊（植村直己、松浦輝夫）

竹内洋岳の登頂 **1996年5月17日**（5月25日、BCへ下山完了）

3 K2

非情の山

標高：8611m（世界第2位）
位置：中国（新疆ウイグル自治区）／パキスタン
初登頂：1954年7月31日　イタリア隊（アッキレ・コンパニョーニ、リーノ・ラチェエデッリ）
日本人初登頂：1977年8月8日　日本山岳会日本K2登山隊（重廣恒夫、中村省爾、高塚武由）　※世界第2登

竹内洋岳の登頂 **1996年8月14日**（8月15日、BCへ下山完了）

4 ナンガパルバット

〝人喰い山〟と呼ばれる怪峰

標高：8126m（世界第9位）
位置：パキスタン
初登頂：1953年7月3日　ドイツ・オーストリア隊（ヘルマン・ブール）
日本人初登頂：1983年7月31日　富山県山岳連盟登山隊（谷口守、中西紀夫）

竹内洋岳の登頂 **2001年6月30日**（7月1日、BCへ下山完了）

5 アンナプルナ

登頂者最小、死亡率最高の8000m峰最難関

標高：8091m（世界第10位）
位置：ネパール
初登頂：1950年6月3日　フランス隊（モーリス・エルゾーグ、ルイ・ナシュナル）
日本人初登頂：1979年5月8日　静岡県山岳連盟ヒマラヤ登山隊（田中成三、シェルパ）

竹内洋岳の登頂 **2004年5月28日**（5月30日、BCへ下山完了）

6 ガッシャーブルムⅠ峰

バルトロ氷河最奥のヒドゥン・ピーク

標高：8068m（世界第11位）
位置：中国（新疆ウイグル自治区）／パキスタン
初登頂：1958年7月5日　アメリカ隊（アンドリュー・カウフマン、ピーター・シェーニング）
日本人初登頂：1981年8月3日　長野県山岳協会登山隊（下島康三、藤次康雄ら4人）

竹内洋岳の登頂 **2004年7月25日**（7月26日、BCへ下山完了）

7 シシャパンマ

最後の8000m峰

標高：8027m（世界第14位）
位置：中国（チベット）
初登頂：1964年5月2日　中国隊（許競ら10人）
日本人初登頂：1981年4月30日　希夏那瑪日本女子登山隊（田部井淳子）　※女性世界初

竹内洋岳の登頂 **2005年5月7日**（5月9日、TBCへ下山完了）

8 カンチェンジュンガ

比類なき巨大山塊

標高：8586m（世界第3位）
位置：インド／ネパール
初登頂：1955年5月25日　イギリス隊（ジョージ・バンド、ジョー・ブラウン）
日本人初登頂：1980年5月14日　山学同志会（川村晴一、鈴木昇己ら6人）　※北壁から無酸素初登頂

竹内洋岳の登頂 **2006年5月14日**（5月15日、BCへ下山完了）

9 マナスル

日本人に親しまれる“精霊の地”

標高：8163m（世界第8位）
位置：ネパール
初登頂：1956年5月9日　日本隊（日本山岳会第三次登山隊／今西壽雄、ギャルツェン・ノルブ）
日本人初登頂：同上

竹内洋岳の登頂 **2007年5月19日**（5月20日、BCへ下山完了）
※2014年にも登頂

10 ガッシャーブルムⅡ峰

バルトロ氷河の美しきピラミッド

標高：8035m（世界第13位）
位置：中国（新疆ウイグル自治区）／パキスタン
初登頂：1956年7月8日　オーストリア隊（ヨゼフ・ラルヒ、フリッツ・モラベック、ハンス・ヴィレンパルト）
日本人初登頂：1980年8月2日　ベルニナ山岳会登山隊（佐藤英雄、福島和明、今田賢次ら）

竹内洋岳の登頂 **2008年7月8日**（7月9日、BCへ下山完了）

11 ブロードピーク

幅1・5㎞の“広い頂”

標高：8051m（世界第12位）
位置：中国（新疆ウイグル自治区）／パキスタン
初登頂：1957年6月9日　オーストリア隊（ヘルマン・ブール、クルト・デュームベルガーら）
日本人初登頂：1977年8月8日　愛知学院大学登山隊（辻美行、野呂和久、尾崎隆）

竹内洋岳の登頂 **2008年7月31日**（8月1日、BCへ下山完了）

12 ローツェ

世界最高峰の“南峰”

標高：8516m（世界第4位）
位置：中国（チベット）／ネパール
初登頂：1956年5月18日　スイス隊（フリッツ・ルフジンガー、エルンスト・ライス）
日本人初登頂：1983年10月14日　カモシカ同人登山隊（高橋和之ら）

竹内洋岳の登頂 **2009年5月20日**（5月21日、BCへ下山完了）

8000m峰登山の登竜門

⑬ チョ・オユー

標高：8201m（世界第6位）
位置：中国（チベット）／ネパール
初登頂：1954年10月19日　オーストリア隊（ヨゼフ・ヨヒラー、パサン・ダワ・ラマ、ヘルベルト・ティッヒー）
日本人初登頂：1985年10月3日　カトマンズクラブ登山隊（中西紀夫、北村貢、三谷統一郎）

竹内洋岳の登頂　**2011年9月30日**（10月1日、BCへ下山完了）

ヒンドゥーとチベットを隔てる〝白い山〟

⑭ ダウラギリ

標高：8167m（世界第7位）
位置：ネパール
初登頂：1960年5月13日　スイス隊（クルト・デュームベルガー、ピーター・ダイナーら）
日本人初登頂：1970年10月20日　同志社大学第3次ヒマラヤ登山隊（川田哲二、ラクパ・テンジン）　※世界第2登

竹内洋岳の登頂　**2012年5月26日**（5月27日、BCへ下山完了）

I 「役割《大規模登山隊》」から「愉しみ《少数精鋭チーム》」へ 1995→2001

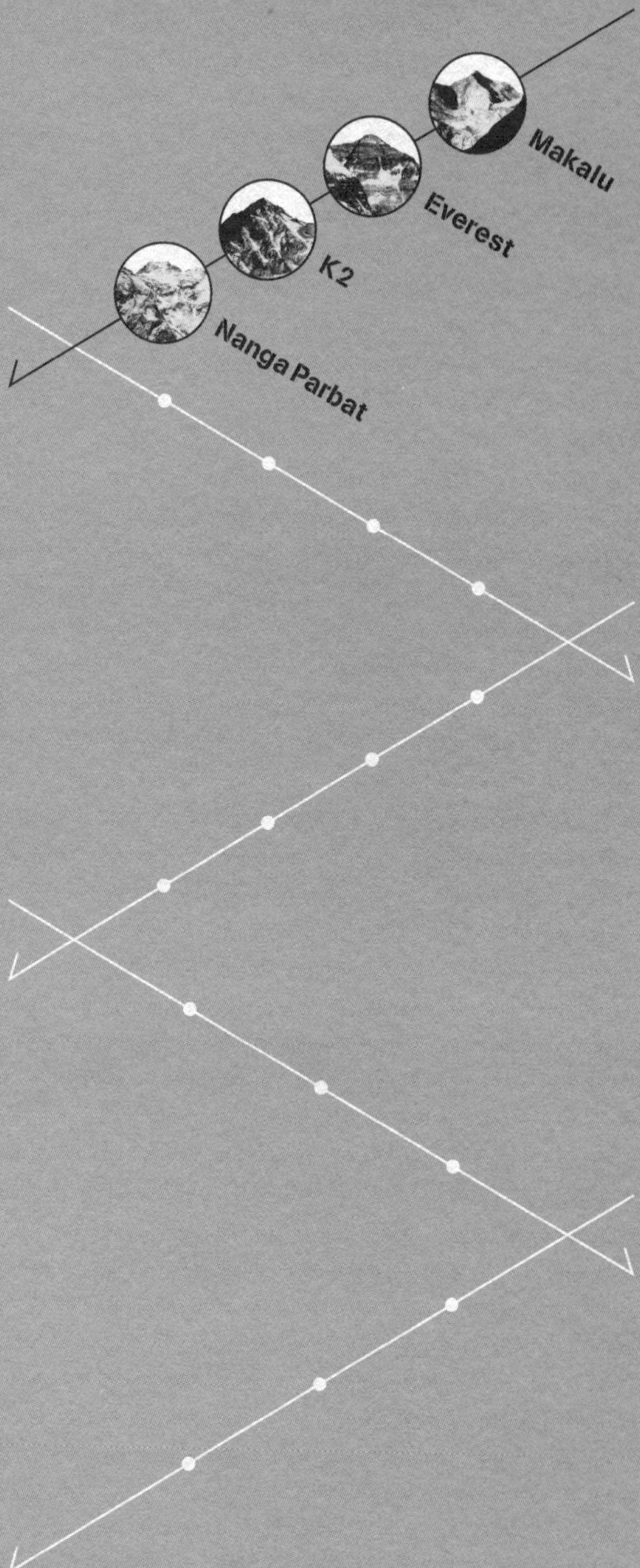

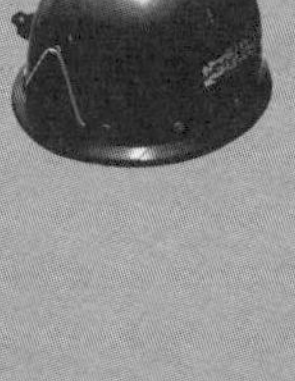

Makalu
1995

８０００ｍ峰初下山

１座目

マカルー
標高８４６３ｍ

標高８４６３ｍ、ネパールとチベットにまたがる巨峰、マカルー。１９５５年に初登頂したフランス隊が「鉛筆の先のような山」と表現したとおり、鋭利な四角錐状の山頂を持つ。

１９９５年、立正大学の5年生だった竹内は、日本山岳会隊の一員としてこの山へ向かった。隊長は、日本人初のＫ２登頂や世界初のカンチェンジュンガ縦走で知られる重廣恒夫。登攀《とうはん》隊長の山本宗彦をはじめ、隊員にもそうそうたるメンバーがそろっていた。

竹内初のヒマラヤ遠征は91年のシシャパンマ。このときは、「ただただヒマラヤに行きたかった」とふり返る。隊としては登頂したが、竹内は山頂に立っていない。それから4年。はじめて８０００ｍ峰登頂を確固たる目標として向かったのが、このマカルーだった。

95年2月15日に日本を出発した隊は、北京を経てチベットのラサへ。そこからヤクやポーターと荷物を運ぶ「キャラバン」に入った。日本人隊員14人、サポートするシェルパも14人。隊荷は13トンにもおよんだ。3月30日にベースキャンプ（BC）を設営したが、荷物とメンバー全員がBCにそろったのは4月12日だったという。

BC入り後も一筋縄ではいかなかった。雪に阻まれて荷揚げが進まず、雪崩も多発。ロープを張っても翌日にはすべて流されていた。しびれを切らしたシェルパのストライキも起きた。竹内自身も、ロープを使って下降するさいに雪稜が崩れ、雪の塊といっしょに谷のなかへ落下した。雪を大量にかぶって意識を失い、上からつながったロープを別の隊員にゆすられて気がついたという。

「高所登山でありそうなトラブルてんこ盛りでした。人数が多いぶん、トラブルの発生要因も多いんです。いろんな人がかかわって複合的なトラブルになるから、それを解決していくのも難しい。プチ・トラブルもきりがないほどありました。でも、おもしろかったんです。どれもはじめての経験で」

BC入りから50日ほどを経て、ようやく登頂のステージに入った。だが、自身は登頂メンバーからはずされると思っていたという。

じつは、竹内は4月の半ばころに40度を超える高熱を出し、しばらくBCにとどまった。その影響でスケジュールが狂い、ルート工作でも荷揚げでも標高６３００ｍのキャンプ（C）４までしか達していない。

高所登山では、頂上に向かって登り降りをくり返しながら少しずつ酸素の薄い高所に体を順化させていく。標高8463mのマカルーではこのとき、キャンプをC7（7650m）までつくっているが、竹内は頂上より2000m以上低いところまでしか順化できていない。当時のセオリーでは、竹内を頂上に向かわせるのは無茶だった。

「無線で発表された二次アタック隊に名前があったときは驚きました。これは隊長が重廣さんだからこそだと思います。重廣さんの隊長としての姿勢は、ひとりでも多く登頂者を出すというもの。ひとりよりもふたり、ふたりよりも3人頂上に立てば、成功の度合いが大きくなるという考え方です」

竹内は、6300mまでの順化は順調だった。チャンスを与えることで、登頂者をひとり増やせる可能性に賭けたのだろう。竹内は、このチャンスをみごとモノにした。

理性と欲望のせめぎあい

マカルー★の山頂は、ふたりがやっと立てるほどの、小さな雪の頂きでした。遠くにカンチェンジュンガを臨み、ふり返るとエベレストが見える。空が、あまりにも青い。青というよりは黒く見えるほど深い、この空の青をしっかりと見ておきたくて、あわててサングラスをはずしました。2月に日本を出発して、

マカルー
ネパールとチベットにまたがり、標高世界5位。山名の由来は諸説あり、定かではない。世界有数の難しい山としても知られる。

この日は5月22日。この地をめざして、百日以上も費やしてきたのか。仲間と肩をたたきあって喜ぶこの瞬間のために——。

標高7350mにあるC6★に帰ってくるまでは元気でした。とはいえ、高度順化★が不十分な状態で上がっていることもあり、そうとう消耗していました。C6でひと晩を過ごし、明朝から下降に入ります。

ところが、翌朝起きてみると、体が動かない。ものすごい倦怠感で、降りるのが面倒で面倒で、そのまま寝ていたかった。でも、いま出ていかないと、途中で日が暮れてしまう。この高さ、これだけ酸素が薄い場所でもう1泊するのは危険です。だとしても寝ていたい……。なんとか自分をたたき起こしてテントを撤収し、いっしょに登頂した4人で下りはじめました。私が最後尾です。

手足で降りられない難所は懸垂下降で下ります。懸垂下降はエイト環★という道具にロープをセットして、ロープの摩擦を使ってブレーキをかけながら降りていく技術。ひとりずつ、前の人が終わってロー

懸垂下降のイメージ（本人）

C6
Cは「キャンプ」の略。高所登山ではベースキャンプ（BC、P33）を拠点に、上部に複数のキャンプを設置して山頂をめざす。BCのつぎに設置するのがC1で、数字が大きくなるほど高所のキャンプ。いくつキャンプを設置するかは山やルートによって異なる。

高度順化
少しずつ酸素が薄い高所に体を慣らし、高山病を予防すること。標高8000mでは酸素濃度は平地の3分の1程度で、いきなりその標高に上がることはできない。高所順応とも。

プにかかっていたテンションが緩んだら、自分のエイト環にロープをセットして下っていきます。

前の人の懸垂下降が終わるのを、上でただじっと待つ。疲れているから座りたいけれど、座ると立ちあがれないから立って待っている。立っているのもつらいし、立ったまま寝てしまいそうになる。早く下りたい。この時間がものすごく苦痛でイライラしました。

すると、思ってもみなかった感情が沸いてきました。こんなところ懸垂下降しなくてもだいじょうぶだ、もういい、待たずにロープをつかんで腕力で降りてやれ——。もしほんとうにそんなことをしたら、あっというまに手を滑らせて、落ちて死んでしまうのに。極度の疲労のなかでの、理性と欲望のせめぎあいでした。

もちろんみんな必死に下っていて、しかも実力のある登山家ばかりで、けっして遅いわけじゃない。それでも、待っているのがものすごく長い時間に感じる。距離があるから聞こえなかったはずですが、「なにノロノロしてるんだ、この野郎」と、つい声に出して言っていました。

エイト環
懸垂下降などに用いる8の字型の金属製の器具。

歩きつづけるための自己暗示

そうやって標高720mあたりまで下っていくと、こんどは登り返し★にさしかかります。かなり長い登り返しで、これがまた、途方に暮れるほどつらかった。しかも、カンカン照りで暑くて★、飲みものも飲みきってしまっていました。

　疲れていて、眠ってしまいたかった。ここでこのまま眠れたら、気持ちいいだろうな……。でも、後ろからはだれも来ないから、このまま寝てしまうと帰れなくなる——。ここでも、理性と欲望がせめぎあう。そのなかで、なんとか力をふり絞って歩いていきます。

　下山しているはずなのに、なぜ登らなきゃいけないんだ。もう歩けない……。このままでは帰れない。どうしたら歩けるだろうか。あれこれ考えて悩みに悩んで、やむをえず、腰にいっぱいかかっている余計なカラビナ★を捨てることにしました。

　1枚捨てて、軽くなったから歩けるはずだと自分に言い聞かせる。ちょっと進んでまた歩けなくなったら、もう1枚捨てて歩いていく。それも、捨てたことを頭のなかにたたきこませるために、投げるんです。置くんじゃなくて、で

登り返し
いったん下ったあと、ふたたび登ること。登山ルートは地形の関係上、登りと下りが混在するため、下山中であっても「登る」場面がある。

カンカン照りで暑くて
標高が高いぶん太陽に近く、猛烈な紫外線を浴びる。竹内によると日中は「焼けるように感じる」こともあるという。

きるだけ遠くに放りなげて、捨てたんだから歩けるってことを目と体と脳にたたきこんで、歩いていきました。それをなんどかくり返して、ようやく登り返しが終わりました。

ここまで来たら、あとは重力に任せて下るだけ。ちょっとずつ標高が下がって体も動くようになってきました。

山では、止まっていたらぜったいに帰れない

よく、山が舞台のドラマなんかで「寝たら死ぬぞ!」って言うけれど、あれはウソです。疲れきってその場で眠りこんでしまっても、生きのびるためにかならず目が覚める。寒さか、空腹か、のどの渇きか、痛みか、いずれにせよ死なないように目覚めるのです。

こんな氷壁のトラバースもある登山だった

カラビナ
開閉部(ゲート)のついた金属製の輪で、用途におうじてさまざまなかたちがある。ロープなどと組み合わせて使用する。高所登山やクライミングのさいは多数使用する。

ただし、寝ると、そのあいだの時間を失ってしまう。その失われた時間こそがリスクです。6000m、7000mのような高所でも、昼間太陽が出ているときはけっこうポカポカして暖かい。夜中から歩いて登頂して、ずっと寒いところにいたのがだんだんと暖まって、心地よくなって眠くなる。そこで昼寝したとしても、けっしてそのまま死ぬことはありません。でも、気持ちよく寝てしまって失われた時間は、ぜったいにもどってこない。それが事故のもとになるんです。

山では、そこに止まっていてはぜったいに帰れません。電車やバスなら寝ていても目的地に着くし、何かの競技ならリタイアすればそこで終われるけれど、山ではぜったいに帰れない。だから、いかに歩きつづけるか。理性をふり絞って右足、左足をいかに交互に出していけるかなんです。

通過点から新たな出発点へ

標高が下がるとともに、どんどん体調がもどってきます。途中のキャンプにも食料が残っていて、それをどんどん食べるから、BC★に帰ってきたころにはすっかり元気になっていました。

BC
ベースキャンプ。ヒマラヤ登山などのさい、活動

登山中は上部のキャンプを行ったり来たりしていて、ベースに降りたのは1か月ぶり。5月25日のことでした。まえにBCを出たときは雪に埋まっていたのに、すっかり雪が解けて小川が流れていて、花が咲きみだれていたり、緑の草が生えていたり、小鳥とか動物がいたり。帰ってきたというよりは、違うところに来たようで驚きでした。

この日本山岳会★マカルー登山隊★は、当初めざしていた東稜ルートの完登★こそできませんでしたが、下部3分の2の初登攀、しかもチベット側からは世界初登頂でした。それも、一次隊と二次隊あわせて8人の隊員が山頂に立っています。これはシェルパ★をのぞいた隊員だけの数では過去最多タイの記録で、登山隊としては大成功です。

しかし、私にとっては、これがゴールではありません。マカルー登頂も、通過点でなければならない。まだまだ登る山はいっぱいある。新たな出発点はすぐ近くです。

翌年の1996年には立正大学山岳部隊でエベレストに行くことが決まっていて、そのあとK2に挑戦することも、今回の登山中に決定しました。だから、

の拠点となる場所。ここに物資を集め、ルート工作や上部キャンプの設営をしながら登頂をめざす。

日本山岳会
1905年に設立された日本初の山岳クラブ。登山活動をおこなう個人の集まりで、ヒマラヤ登山の発展などに大きな役割を果たしてきた。マカルー登山隊は日本山岳会の90周年記念事業のひとつとして企画された。

登山隊
大規模な登山隊ではメンバー全員で登山ルートの確保・整備（ルート工作と呼ぶ）や荷揚げをしながら、コンディションのいい者が登頂メンバーと

マカルー隊の装備で使えそうなものはお願いして売ってもらいました。この時点で8000m峰14座を登るなんて意識はみじんもなかったけれど、それでもつぎの登山、またつぎの登山というサイクルは見えてきていて、つぎのエベレスト、K2までをひとつのくくりとしてとらえていました。

なる。最初に登頂をめざすメンバーを一次隊、つぎに山頂をめざすメンバーを二次隊と呼ぶ。

完登
予定していたルートを登りきること。このときは東稜の下部3分の2ほどを登ったあとノーマルルート（もっともポピュラーなルート）に合流して登頂したため、当初目標とした東稜ルートの完登には至らなかった。

シェルパ
ヒマラヤ登山の案内役となる現地の人びと。高い登山技術をもち、ルートの整備や、ときに山頂までの登山者のサポートも担う。もとはネパール東部に住むシェルパ族のガイドのみを指したが、現在は他民族に対しても使う。荷物の運搬役のことは「ポーター」と呼ぶ。

Everest
1996

デスゾーンからの逃避

2座目

エベレスト
標高8848m

富士山よりも５０００ｍ以上高い場所があるなんて、いまでも信じられなくなることがある——。標高８８４８ｍ、世界最高峰の頂について竹内はこう語る。マカルーの翌年、竹内は立正大学山岳部隊の一員としてこのエベレストに挑んだ。創部50周年を記念した事業だった。国際公募隊などがまだ一般的ではなく、ヒマラヤに登る手段が限られていた時代。竹内にとって、登山隊に参加するのはヒマラヤをめざす重要な手段だった。その貴重な機会で、それもエベレストをめざすことができる。竹内は隊員の募集に迷わず手を挙げた。

一方、登山隊を送る大学側にとっても、エベレストだからこそ登山が成立した側面がある。このときは隊長ほか隊員５人の比較的小規模な隊だったが、それでも莫大な費用がかかる。登山料、渡航費、装備、食料、シェルパへの給金……。竹内も１２０万円ほどの負担金を支払ったが、隊員の個人負担だけではまにあわない。OB会や大学の同窓会から寄付を募り、企業にも物資や食料の支援を依頼する。バブル崩壊後のこの時代、だれもが知るエベレストだからこそ登山隊を出しやすかったともいえる。

このときのエベレスト遠征は、北面・チベット側からの挑戦だった。少年時代からヒマラヤやチベットの冒険記を読みこんできた竹内にとって、チベットは特別な思い入れがある場所だ。91年のシシャパンマ、95年のマカルー遠征時にも訪れたチベットを三度訪れることができる。エベレストへ向かうことと同じくらい、チベットへの再訪を心待ちにした。

「昔ながらのチベットが見られた最後の時代だと思うんです。鳥葬はやっていなかったけれど鳥葬台は見たし、ヤクに荷物を積んでベースキャンプをめざすのもすごくおもしろかった。いまの中国化したラサにはないチベット独自の文化や景色のなかに身を置けたのは、とても幸せなことでした」

さて、この1996年は、エベレスト登山史に残る年だった。竹内らが登山活動を続けていたちょうど同じころ、南面のネパール側で大量遭難が発生。5月10～12日のあいだに8人が遭難死した。チベット側もふくめると、この年の春シーズン、エベレストでは計12人が死亡している。

そんななかでも立正大学隊は順調に登山を続けた。チベット側からのエベレスト登山では、標高5150mのBCより上、標高6500mのC3までヤクで荷揚げできる。このC3をアドバンスドベースキャンプ（ABC）と位置づけ、登攀の拠点とした。悪天候に苦しみながらもルートは延び、第一次アタック隊にはシェルパふたりとともに竹内が指名された。

「このときは、動けているのが実質私だけでした。私は高度順化がとてもスムーズにいったけれど、ほかの人は思うように体が動かなかった。でも、シェルパもいるし、ほかの隊も活動しているから、隊員の調子とは関係なくルートが延びていって、それにほかの隊員がついていけなかったんです」

ABCから先にほとんど進めなかった隊員もいた。竹内は5月2日に標高7640mのC5予定地まで達しているが、つぎの隊員がC5に着いたのは竹内登頂後の5月18日。順化スピードに圧倒的な差がついていた。竹内は高所に強い登山家として知られるが、その片鱗は当時からうかがえたのだ。

喜びよりも不安をかきたてられる場所

5月14日に登頂行程に入り、15日にC5、16日にC6と標高を上げて、17日のお昼12時10分に登頂しました。すぐに無線★で報告しました。

「立正大学山岳部は世界最高峰エベレストに北側からの登頂に成功しました。やったー!」

私が登ったというより、山岳部を代表して登っている。自然とことばが出ま

エベレスト
ネパールと中国・チベットにまたがる世界最高峰。インド測量局長官だったジョージ・エベレストの名にちなむ。チベット語ではチョモランマ、ネパール語ではサガルマータ

した。隊長の山崎幸二さんも、ほかの隊員ものすごく喜んでくれた。世界最高峰の頂上から見ても、空はもっと上にありました。前年に登頂したマカルーが下に見えて、ようやくその高さを実感しました。

とはいえ、余韻に浸る感じはあまりありません。頂上って、けっこう忙しいんです。旗を出したり、写真を撮ったり。写真は登頂を証明する意味でも必要なもの。スポンサーの旗といっしょに写真を撮るのも欠かせません。当時はフィルムカメラ。ちゃんと写っているかわからないし、確認もできない。何度もシャッターを切りました。予備でインスタントカメラも持っていっていた。低温対応でも完全防水でもないから、取り扱いにはものすごく気をつかいます。テント内では結露しないように気をつけて、登っているときはポケットで温めて、撮るときはできるだけ短時間で。それだけ写真は大切なんです。

登頂写真（中央が著者）

と呼ばれる。ネパール側、チベット側それぞれにノーマルルートがある。

無線
ベースキャンプと各キャンプや隊員とのやりとりには無線を用いる。地形の関係などで通じづらいことも多いが、高所登山では重要な通信手段。

そして、山頂は忙しい以上に「こわい」……。エベレストの頂上は、着いた喜びよりも不安をかき立てられる場所です。空気が薄いのは当然ながら、湿り気がなくて、生物がいるのがものすごく不自然に感じます。湿度はほぼゼロで、低温でぜんぶが凍っていて、酸素も薄い。なんだか、生きものが生きていくうえで必要なものが何もないような……。登っているときは動いているから、映像としてあたりを見ています。頂上に着くとそれが静止画になって、不安感がより強くなります。360度ブワッと見えて、その生命感のない景色がこわかった。

それに、ものすごくうるさい。風の音や自分の心臓の音、ゼエハアと息をしている音が大きく聞こえます。頂上は静か、無音みたいなイメージがあるかもしれませんが、じっさいそこに立ってみると、すさまじい騒音のなかにある。不快というか、ものすごく緊迫感がある音です。あきらかにデスゾーンに入っている。

一刻も早く立ち去らなくては――。写真撮影を終えると、すぐに下降に入りました。

一刻も早く下へ、下へ

最初の予定では、C4まで着ければじゅうぶんだと思っていました。そのC4に着いたのは19時50分。もう暗くなりかけていた。でも、C4には泊まらず、無理やりC3まで降りていくことにしました。途中で止まるリスクをとりたくなかった。ヘトヘトだったけれど体はまだ動きました。頂上が「こわい」ということにも通じることとして、高所に留まると、それだけで危険は増えます。危険をいかに減らすかを考えると、大切なのは1センチでも2センチでも標高を下げていくこと。それがぜったいです。標高が下がれば空気が濃くなって、動ける量も増えていく。

チベットでは北京時間を使っています。チベットは北京よりだいぶ西にあるので、私たちがもっている時間のイメージと時計の時刻がズレていて、日没時刻はすごく遅い。それでも、C3に着いたときにはとっくに日は落ちていました。晴れた空に星がきれいで、真っ暗ではなかった。登ってきたところを下るので、だいたいルートはわかりますが、それでも途中でちょっと迷ったりもしました。トレース★を見失って、クレバス★が出てきてひき返して……。でも、とにかく下へ、下へ。

トレース
踏み跡のこと。トレースがあると雪に埋まりづら

Ｃ５にせよＣ４にせよ、テントはあります。だから、疲れた状態でたどり着くと、頭をよぎります。このままここで寝ちゃおうか――。けれど、寝袋を引っぱりだして、またたたんで、自分で雪を解かして水をつくって……、考えるたけで面倒くさい。それよりも、一刻も早く下りたい。

見えたからってゴールじゃない

もちろん雪盲★になって目が見えないとか、疲れきって動けないような状態なら、留まって明るくなるのを待つこともあります。いろんな条件を組み合わせて、私は「降りる」という判断をしました。これは、自分で決断するしかありません。今回のエベレスト登山ではＣ３はＡＢＣ★と位置づけられていて、コックもいるし物資も多い。そこまで下れば、ある意味、安全地帯です。

シェルパふたりといっしょに登頂していますが、下山はバラバラ。ほとんどひとりで歩いています。ひとりは続いて上がってくるメンバーのサポートのためにＣ４に残って、もうひとりは私よりもさきにＣ３まで下っていった。

真っ暗ななか、ひとりで歩いていると、下のほうにＣ３の明かりが見えてきました。疲れきった体で、「だれか迎えにきてくれないかなー、お茶とか持っ

くなるので、格段に行動しやすい。ルートの把握にも役立つが、他人が残したトレースがかならずしも正しいルートとはかぎらないので過信は禁物。

クレバス
氷河や雪渓の表層にできる割れ目。幅は数十メートル～数メートル程度で、深さはときに数十メートルにもなる。雪をかぶって見えないこともある（ヒドゥン・クレバスと呼ばれる）ので、クレバス帯ではロープをつなぎあうなどして安全を確保する。

雪盲
雪目とも。紫外線が雪によって反射し、目に当たることで起こる網膜や結膜の炎症。目の痛みなどがおもな症状で、一時的に目が見えなくなることもある。

て……」と念じながら。でも、そんなことはありえない。もしかしたらと思って、「おーい！」と何回も叫んでみても、やっぱりだれも気づきません。見えたからってゴールじゃない。あそこまでたどり着かなきゃ……。最後の力をふり絞って下ります。

C3にたどり着いたのは夜の22時近く。出発が朝6時だったから、16時間行動です。到着後は疲れはててほとんど動けず、2日ほどずっと寝ていました。

エベレストの魔力が起こした事件

こうして私自身の登頂は成功し、無事C3まで下山しました。でも、そのあとに〝事件〟が待っていました。

第二次アタック★隊としてC6を出た隊長の山崎幸二さんが行方不明になったんです。私が登頂した4日後、5月21日のことです。途中まで同行していた隊員と15時過ぎに別れたあと、連絡がつかなくなって、キャンプにももどらなかった。

結局、山崎さんは登頂して、そのあと標高8500mあたりでビバーク★、つぎの日の夕方にだれもいないC6に着き、さらにそのつぎの日、23日にC5ま

ABC
アドバンスドベースキャンプ。BCよりもさらに上部に設ける登攀の拠点。エベレストのチベット側ルートの場合、C3がABCと位置づけられる。ここまではヤクで荷揚げができるので、BCほどではないが大がかりな設営ができ、登頂をめざすメンバーはここを拠点に行動することが多い。

アタック
頂上をめざしてトライすること。黎明期のヒマラヤ登山が国家的軍事事業だったこともあり、伝統的にこのことばが使われてきた。現在はサミットプッシュ（P138参照）が一般的だが、当時はアタック隊と呼ばれていた

で帰ってきたみたいです。でも、無線は途中で通じなくなるし、時間帯から考えてもきびしい状況です。だから、みんな山崎さんは死んだものと考えて、あとから登るドイツ隊のメンバーに遺品を拾ってきて、とお願いしていました。その情報が日本にまで伝わって、ニュースで報道されて、さらに大騒ぎになりました。

山崎さんがC5まで降りてきて無線が通じたときには、ホッとしました。ほんらい、隊をマネジメントするべき立場なのに、自分が無茶するなんて。でも、私は山崎さんをあまり非難できない。なんとなく、山崎さんの思いがわかるから。

いまでこそエベレストって公募隊★もたくさんあって、だれもが挑戦するチャンスがあります。でも、ヒマラヤがいまとはくらべものにならないほど閉ざされていて、きびしい世界だったときに登山を続けてきた山崎さんの世代にとって、エベレストはわれわれとは比にならない大きな憧れです。魔力がある。私自身はこれからも登山を続けていくという感覚があったけれど、山崎さんにとってはこれが最後のチャンスという思いが強かったのかもしれません。そうした背景を想像すると、何がなんでもと命を賭して頂上まで登った山崎さんを責

ため、そのまま表記する。

ビバーク
テントなどがない状態で野外で一夜を過ごすこと。不時露営などともいう。予定どおり行動できなかった場合などに緊急避難的におこなうことが多いが、野外で一夜を過ごす前提で行動するケースもある（フォーカストビバークなどと呼ばれる）。

公募隊
商業的に広く隊員を募集して構成された登山隊。実力のある登山家が集まってチームを組むケースからガイド登山ツアーのような形態までさまざま。現在エベレストには、広く一般から参加者を募る公募隊も多く訪れる。代表的なもので参加費は7万ドル程度（2018年）。

めることはできません。

　私自身は、このエベレストのあとにＫ２に行くことが決まっていました。もちろん全力を出していないという意味ではまったくないけれど、つぎの予定を見据えたうえでの登山でした。ケガをするわけにもいかないし、凍傷になるわけにもいかない。エベレスト登山の終わりがＫ２へのスタートです。ひとつの大きな遠征が終わったという感慨はあまりなくて、つぎに目が向いていました。

これは、とても恵まれたことです。

登山家の突然変異

釣巻健太郎
（つりまき・けんたろう）

1978年、東京都生まれ。2002年、石井スポーツに入社。新宿西口店、松本店などを経て現在は新潟店に勤務。専門はスキーで、自身もスキーをたしなむ。2004年から竹内のシューフィッティングを担当する。

私の靴は、彼にしかさわらせない——。竹内がそう言いきるほど絶大な信頼を寄せるシューフィッター。竹内の道具へのこだわりに応えた「職人」だが、ときに冗談めかして、飾りのないことばで話してくれた。

竹内さんが高所登山で使うブーツは、ひざ下まであるゲイターとインナーブーツを組み合わせて使います。インナーは熱でかたちを調整する必要があって、それを私が担当してきました。

出会いは、私が登山用品店・石井スポーツ入社2年目に配属された新宿西口店です。そこで竹内さんも働いていました。私はスキーが専門で、インナーブーツを熱成形する技術はスキー靴でも使われていたこともあって、私が頼まれたんです。はじめて担当したのは２００４年。だいたい2年ごと、14座達成までに5足くらい調整してきました。

最初は安請け合いでした。「できる？」と聞かれたから「いいっすよ」と。でも、遠征後に竹内さんに会ってこわくなりました。「よかった」と言われたものの、靴しだいで登れたり、逆に凍傷になったりすることがあるんじゃないかと気がついて。指を落とすことがあれば、何割かは靴に原因があるかもしれない。「やベーな」とプレッシャーに感じるようになりました。

竹内さんが登頂すると毎回うれしいけれど、雪崩（P154）の翌年は、うれしいよりもホッとしました。無事に登って、帰ってきて。このときはぼくもとくに緊張していた気がします。

竹内さんが靴のフィッティングに求める点は明確です。1番はかかとのホールド感。竹内さんは足首が細くて、靴紐をしっかり締めてもときどきかかとが抜ける感覚があるそうです。かかと部分を少し深くして調整しています。ほかにも、小指の当たり方とか細かく要望を伝えてくれるから、調整の提案をしやすいですね。

フィッティングにかかるのは1時間半くらい。熱成形って、やりすぎるともとにもどせない。短い時間で完璧に仕上げなければなりません。

「靴は釣巻にしかさわらせない」とまで言ってくれるのは、「マジか」っていう気持ち。光栄な反面、身が引きしまります。竹内さんは一つひとつの要望がリアルで妥協がなくて、道具へのこだわりが伝わってくる。応えなければと思います。靴を調整する時間は、竹内さんの経験をじっくり聞ける貴重な機会でもあります。去年の秋もスキーブーツの調整にきてくれました。

竹内さんは登山家の「突然変異」だと思うんです。石井スポーツには世界レベルの登山家が何人かいます。みんな体はしまっているけれど、ゴツゴツしていて強そう。一方、竹内さんはスラっとして、ぜんぜん雰囲気が違う。哲学者っぽいですよね。それに冗談ばかり言うし、日々トレーニングに励んでいるようすも見せません。一流の登山家には見えないのに、8000mに登っちゃう。そのギャップがすごいところで、世間の登山のイメージを壊す人ですね。

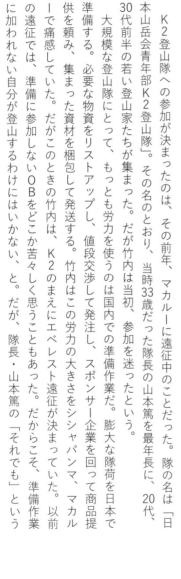

K2
1996

ベースキャンプへの「登頂」

3座目

K2
標高8611m

K2登山隊への参加が決まったのは、その前年、マカルーに遠征中のことだった。隊の名は「日本山岳会青年部K2登山隊」。その名のとおり、当時33歳だった隊長の山本篤を最年長に、20代、30代前半の若い登山家たちが集まった。だが竹内は当初、参加を迷ったという。

大規模な登山隊にとって、もっとも労力を使うのは国内での準備作業だ。膨大な隊荷を日本で準備する。必要な物資をリストアップし、値段交渉して発注し、スポンサー企業を回って商品提供を頼み、集まった資材を梱包して発送する。竹内はこの労力の大きさをシシャパンマ、マカルーで痛感していた。だがこのときの竹内は、K2のまえにエベレスト遠征が決まっていた。以前の遠征では、準備に参加しないOBをどこか苦々しく思うこともあった。だからこそ、準備作業に加われない自分が登山するわけにはいかない、と。だが、隊長・山本篤の「それでも」ということばに押されて参加を決めた。

K2に登るのは、若い登山家にとって特別に意味のあることだ。山名の由来はKarakoram No.2という測量番号。標高こそエベレストに届かないものの、難度はエベレストをはるかにしのぐとされる。これまでの登頂者数はエベレストの15分の1以下の三百数十人、対して80人以上がこの山で命を落としている。ついた異名は「非情の山」。K2サミッターの称号は、いまも多くの登山者たちの憧れだ。

「私もふくめて、みんながみんな、K2に登ったことをステップにして何かデカいことをやってやるんだと思っていたはずです。明確な山での目標はまだなかったけれど、野心だけはありました」

そんな若者が17人。さらに、大きな登山隊ゆえのゴタゴタがあった。各隊員が大学山岳部を代表しており、大学ごとのやり方や立場の違いもあった。隊をまとめる山本の苦労は大きかったはずだ。それでも隊員たちは競ってロープを張り、ルートを切りひらいた。

ルート工作も終わり、いよいよ登頂のステージという段になって、悪天候に見舞われる。BCでの待機は2週間近くにもおよんだ。いまのような正確な天気予報などない時代。

「いまなら登頂できそうなのは何日後と、あるていど予報できます。でも当時正確な予報はないから、毎日深夜に起きて出発準備をする。明るくなると雲がひどくて出ていけないというくり返しでした」

緊張と弛緩をくり返す日々にフラストレーションがたまり、小さなもめごとも多発した。想定以上に待機期間が延びて登山の終わりが見えず、食料の「節約」も必要だった。「食料と燃料さえあれば粘れるし、それはみんなわかっているけれど、あるのに食べられないとイライラする。食料係はものすごく苦労したと思います」

好天を待って粘りつづける登山のことを戦略用語から「ウェイティング・ゲーム（待機戦術）」と表現する。竹内は自身を「ウェイティング・ゲームが得意な登山家」と評するが、それはこのK2に端を発しているかもしれない。

待機が10日を過ぎたころ、チャンスは突然やってきた。それまでの小競りあいがウソのように、全員が登頂に目を向けた。長い待機で高所への順応が弱まった隊員もいたが、8月12日、第一次隊6人が登頂。そして同日、竹内をふくむ二次隊6人がアタックキャンプとなるC3に入った。

通いなれた道との別れ

核心部★にはさきに登った一次隊がフィックスロープ★を張ってくれていたし、前日にチリ隊が登頂したときのトレースも残っていました。天気も絶好で、ほんとうにスムーズな登頂でした。8月14日の夜中、午前2時前に標高7850mのC3を出発して、登頂は8時ごろ。二次隊は6人。ひとり大きく遅れたも

K2
パキスタンと中国・新疆ウイグル自治区の国境にそびえる。インド測量局によるカラコルム測量時の番号が山名の由来で、

のの、全員登頂です。

　Ｃ３から山頂へは真っ暗ななかを登っていきます。Ｋ２最大の難所といわれるボトルネック★も、暗がりのなかを越えました。二次隊だったから、さきに登った一次隊のメンバーがルートをつくってくれていますが、手探りで登っていく不安はありました。不安とかプレッシャーというのは、暗いだけでずいぶん強く感じるようになる。一方で、下山のときはもう明るくなっていて、安心感が違います。この日は14時前にＣ３まで下って、そこで１泊しました。

　翌15日、ＢＣへ向けて出発しました。標高５２００ｍのＢＣから標高７８５０ｍのＣ３までは、ルート工作や荷揚げの過程で何度も登り降りしています。だから、あるていど通いなれた道になっていて、登頂後の「下山」というよりも、これまでの登り降りの一部み

K2登山隊のメンバー

世界第2位の標高であることとは無関係。K1はマッシャーブルム（7821m）、K3はブロードピーク（8051m、P177）、K5はガッシャーブルムⅠ峰（8068m、P93）と別の名がついたが、K2だけはそのまま山名となって一般に広まった。中国ではチベット語系のバルティ語で「大きい山」を意味する「チョゴリ」と呼ばれる。

核心部
登山中のいちばん難しい場所のこと。

フィックスロープ
高所登山などで、その後の登り下りをスムーズにするためにあらかじめ張っておく固定ロープのこと。正確にはフィクスト（fixed）ロープだが、日本語ではこの表記が定着している。

たいな感覚でした。エベレストのときは荷揚げはC5までで、ファイナルステージに入ってからC6をつくり、標高を上げて最後に登頂した。だから、登りと下りがかなりはっきりしていたけれど、このときは何度も行き来したC3から頂上をめざしています。「登り」「下り」という感覚があまりありませんでした。

でも、感慨がありました。この道を通るのは最後なのか……と。あの角を曲がるとあんな景色になるとか、あの岩はどこにホールド★があるとか、ぜんぶ頭に入っている。その通いなれた道をもう通らなくなるのかと思うと、少しさびしかった。毎日通った通学路を、卒業して使わなくなる感覚に似ているのかな――。

片づけながら、ルート工作しながら「さらなる頂上」へ

C3を撤収するとき、個人の荷物だけでなく、テントや隊の装備、ごみなども回収しました。私たちの登頂は二次隊としての登頂で、下山は隊としても最後の行程です。私たちのあとにはだれも登らないし、下ってこない。キャンプにある装備もゴミも、すべて降ろさなければなりません。私自身が下山してい

ボトルネック
標高8200m付近にあるK2ノーマルルート中の最大の難所。クーロワールと呼ばれるせまい溝状の地形で雪崩や滑落事故も多い。せばまった形状から「ビンの首」を意味するボトルネックという地名がついたとされる。

ホールド
岩のデコボコや溝などの登り降りに利用する手がかりや足がかりのこと。

るというよりも、K2登山隊を「片づけながら」降りていく感覚が強くありました。

ルートには、登り降りの補助のために多数のロープを固定しています。私は、二次隊で登った6人のなかで先頭を切って下っていた。そのため、あとから来るメンバーのためにロープをもう一度チェックして、整備しなおすという役割もありました。

同じ1日でも、頂上に向かっていくときと帰ってくるときでは、雪が解けたり、逆に雪にロープが埋まったりして、ルートの状況がずいぶん変わります。岩にハーケン★を打っているところはそれほど大きな調整は必要ないけれど、氷に打っているところは、太陽の熱を受けて金属が温まって、まわりの氷が解ける。少し氷が解けただけで、そこに打っている支点は強度がすごく落ちてしまいます。

だからこそ、チームとして降りていくときには、ハーケンを打ちなおしたり、ロープを整備しなおしたりすることが、すごく重要になってくる。頂上に向かって登っているときと同じように、後ろから来る隊員に対する責任を感じていました。下りなんだけれど、ベースキャンプに向けてルート工作しているよう

ハーケン
安全確保のための支点をつくるために岩の溝に打ちこむ鉄のくさび。打ちこむ場所の形状により、さまざまなタイプがある。ハーケンはドイツ語由来だが、フランス語で「ピトン」ともいう。

な、ベースキャンプへの「登頂」をめざしているような……。登頂後もまだ頂上へ向かっていく。そんな不思議な感覚です。

それらのロープも、隊員の下降が終わったら1本ずつ回収していく。ロープを張ったままにしないと安全に降りられない難所は残置しましたが、基本的には「何も残さない」ことが隊の目標でした。もちろん一次隊のメンバーもゴミや使わない装備は降ろしてくれているし、下部キャンプの荷物を降ろすチームもあるので、C2、C1に残っていた荷物は膨大ではない。とはいえ、残っているものはまだまだある。朝C3を出る時点でかなりの量だった荷物は、C2、C1と経由するたびにさらに大きくなりました。後片づけをする隊のスイーパーとしての役割。これは大規模な登山隊だからこそ感じられたものです。

終わりが見えない登山

このときのK2登山隊は私たち二次隊が6人、一次隊も6人が山頂に立ちました。計12人というK2登山史上最多の大量登頂でした。私自身もC3を出て登頂し、帰ってくるまでにそれほど大きな困難はなかった。

こう話すと、とてもかんたんな挑戦だったように聞こえるかもしれませんが、このK2は、最後まで登頂できるという確信がもてない、そして終わりの見えない迫力の登山でした。

ふつう、ものごとには終わりがあります。遠征登山でも、登山期間が何日、予備日が何日と考えて食料計画を立て、燃料を用意し、帰りの飛行機のチケットも手配します。デッドラインがかならずあって、そこを過ぎると泣く泣く撤退する。終わりがわかっているから、そこまで全力をつくせばいい。

でも、このときは文字どおり終わりがありませんでした。じっさいには冬になればあきらめるしかないとしても、それまでは何日でも粘る気でいた。「登るまで粘る」と言えば恰好はいいけれど、いろいろな支援を受けている以上、「登るまで帰るわけにはいかない」という意識がありました。隊長の山本篤★さんには大きなプレッシャーもあったようです。

食料を食いのばしてでも、なんとしても粘る。終わってみたら粘り勝ちでしたが、途中は登山の終わりがまったく想像できませんでした。BCに何日も閉じこめられているときは、メンタル的にはけっこうきつかった。技術的ではない部分で、ものすごく難しい登山でした。

山本篤
1962年、福岡県生まれ。名門・明治大学山岳部で主将を務めた。8000m峰7座登頂。1992年、チベットの未踏峰・ナムチャバルワ（7782m）初登頂のメンバーでもある。

大規模登山隊の限界

大規模登山隊ならではの問題もありました。12人の大量登頂とはいえ、山頂に立てなかったメンバーもいます。そもそも、こういった大規模な隊の場合、全員が登頂するという想定はしていません。全員でルートを伸ばしていきながら、コンディションのいいだれかが登頂するというタクティクスを組みます。

とくにこのK2では、遠征隊というより合宿的な要素もありました。隊長の山本さんは、メンバーどうしを切磋琢磨させながら登頂のチャンスをつくりだそうと思っていたはずです。そもそも全員分の酸素は用意されていないし、競い合いのなかで上位に入った人間から登頂の権利を獲得していくという登山でした。

他大学の隊員たちと切磋琢磨できたのは、自分の登山を高めるうえでとても意味のあることでした。大学山岳部内で受けつがれる登山技術には、大学ごとに特色があります。水のつくり方も、テント内での生活方法も、登攀技術も大学によってやり方が少しずつ違う。それを見せあいながら、よりよい方法を探って登山していました。

ところが、切磋琢磨がうまくいきすぎたというか、当初予定していた登頂するための「条件」みたいなものをクリアする人が続出しました。荷揚げとかルート工作とか、ここまでできたら登頂のチャンスをやるという条件を超えた人が想定よりも増えてしまった。それでも酸素の量には限りがあるから、条件を超えたなかでも登頂できない人が出てきます。なんで自分が選ばれないんだという不満、逆に条件を超えたみんなのなかから自分が選ばれていいのかという葛藤も生まれてしまって、登山隊の当初の意味が崩れてしまう。12人登頂したとはいえ、ほんとうはもう2、3人、登頂するための条件はクリアできていたはずです。

私自身も葛藤はありました。準備に参加していない負い目もあった。一方で、やっぱりこれだけの大規模隊では全員登頂をめざしてタクティクスを組むことは難しい。大規模隊の難しさ、限界みたいなものを突きつけられました。

そうはいっても、もちろん登山は大成功です。隊長の山本篤さんはこのときまだ33歳。その若さでこの集団をまとめあげ、12人を山頂に立たせた。とても真似できることではありません。

3月下旬に日本を出て、2か月かけてエベレストに登って、それからK2。

結局、約5か月ものあいだ、ヒマラヤ、カラコルム★にいたことになります。時間の流れが早くて、過ぎ去っていく感覚が強かった。エベレストを過ぎてK2が終わっても、またさきに何かがあるんじゃないか——。終わったという感じもしないし、帰りたいとも思わない。キャラバンも、ベースキャンプも、登山活動もぜんぶ楽しかった。このヒマラヤという空間と時間に、いつまでも自分を置いていたいと感じていました。

カラコルム
パキスタン、インド、中国にまたがる大山脈。テュルク語で「黒い砂利」を意味する。最高峰のK2をはじめとする4つの8000m峰と60以上の7000m峰がある。広義にはヒマラヤ山脈にふくまれる。

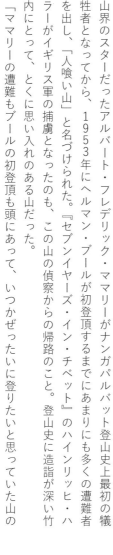

Nanga Parbat
2001

切りひらいていく下山

4座目

ナンガパルバット
標高8126m

ナンガパルバットは、8000m峰のなかでもドラマが多い山だ。1895年、ヨーロッパ登山界のスターだったアルバート・フレデリック・ママリーがナンガパルバット登山史上最初の犠牲者となってから、1953年にヘルマン・ブールが初登頂するまでにあまりにも多くの遭難者を出し、「人喰い山」と名づけられた。『セブンイヤーズ・イン・チベット』のハインリッヒ・ハラーがイギリス軍の捕虜となったのも、この山の偵察からの帰路のこと。登山史に造詣が深い竹内にとって、とくに思い入れのある山だった。

「ママリーの遭難もブールの初登頂も頭にあって、いつかぜったいに登りたいと思っていた山のひとつです。公募隊に誘われたときはふたつ返事で参加を決めました」

エベレスト・K2に登った1996年から、このナンガパルバットまでは5年の期間があいている。この5年のあいだにもいくつかの大きな出来事があった。98年、8年間通った立正大学を卒業し、大手登山用品店に就職した。99年には中国にある未踏の7000m峰、リャンカンカンリへの初登頂も果たしている。

ひさびさの8000m峰登山は国際公募隊に参加しての挑戦だった。公募隊とは費用を明示して参加者を募る登山隊のことで、ガイドが隊長として隊を率い、シェルパらとともに顧客を案内するガイド登山タイプのものと、オーガナイザーである隊長と顧客がチームを組んで登頂をめざすグループ登山タイプのものがある。竹内が参加したのは後者だった。

「これまでの登山隊では、隊長のもと行程が厳格に決められていました。一方、この公募隊は一人ひとりが独立した登山家です。裁量が大きい、逆に言うと自分で多くの決断をしなければならない登山で、これまでにない経験を積めました」

もちろんチームで行動の議論をするし、ルート工作も分担する。だが、高所順応に出るかBCで休むか、朝早く出発するかゆっくり出るか、食料は何をどれだけ持つかなど、かなりの部分が個人の選択にゆだねられた。

竹内はこの登山に、日本人の女性登山家から声をかけられて参加を決めている。当時英語が苦手だった竹内にとって、語学面は彼女が頼りだった。だが、直前に病気で参加できなくなってしまう。

「最初は私も行くのをやめようかと悩みました。でも、案外苦労しませんでした。揺るぎない共通の目的があるから、会話もやはりそこにひもづきます。通じあえるものがありました。同じベクトルを向いた人どうしで尊重しあいながら、自分の選択を積みかさねて登山するすばらしい環境でした」

隊長として隊のオーガナイズを担っていたのが、のちに竹内の盟友となるラルフ・ドゥイモビッツだった。この登山のあと、パートナーとしてラルフから声をかけられることになるとは思ってもいなかったというが、竹内の高所での強さは際立っていた。順応の進行が安定しており、好不調の波が小さい。不調で動けないことが少ない点は、多くの登山家がパートナーに求める資質でもある。

天候がなかなか安定せず登山は長期化したが、BC入りから1か月超を経た6月30日、竹内らはナンガパルバット山頂に立った。

一人ひとりが対等で自由な登山

登頂するまでは天候が不安定で、テントをつぶされたり、キャンプに閉じこめられたり、苦労の多い登山でした。一転、サミットデイは晴天で、公募隊のメンバー10人、動けた人は全員登頂しました。

酸素ボンベは使いませんでした。これまでに登った8000m峰3座はいず

ナンガパルバット
パキスタン北部にそびえる。山名の由来はウルドゥー語で「裸の山」。ヘルマン・ブールによる初登頂は覚醒剤を使用して登

れも酸素を使ったから、はじめての８０００ｍ峰無酸素登頂★です。酸素を使うと、たしかに呼吸はらくですが、やっぱり重たいし、マスクがわずらわしいし、足元が見えにくくなる。費用の問題もあります。酸素ボンベ１本が、日本円でだいたい６万円くらい。ひとり４、５本くらいは使う前提で用意するし、荷揚げのためのハイポーター★も雇わなければなりません。トータルして考えると、８０００ｍ台前半の山では使う必然性はない。無酸素で登ることへの不安もとくにありませんでした。

ナンガパルバットは、これまで参加してきた登山隊とはまったく違う雰囲気での登山で、すべてが新鮮でした。

日本の大規模登山隊では、それぞれに役割が決められていて、その日どこからどこへ何を荷揚げするとか、だれだれはＢＣでレストとか、ぜんぶホワイトボードに書きだされているんです。行動はすべて隊としてのタクティクスの一部であり、絶対的な隊長がいて、隊員どうしでも先輩と後輩とか、〇〇係とか、立場や役割の違いが明確にある。

一方このときは、経験の違いはあっても、あくまで一人ひとりが対等です。名前もファーストネームで呼びあっていました。それぞれ登山家としてしっか

攀し、帰路８０００ｍ付近で立ったままビバークするという壮絶なものだったと伝えられる。

８０００ｍ峰無酸素登頂
酸素ボンベを使用せずに登頂すること。８０００ｍを超える高所では体へのダメージが大きく、酸素を使用するよりも段違いに登頂が難しい。ただし、酸素ボンベを使用したとしても平地と同じように行動できるわけではなく、大雑把に言うと、「８０００ｍ地点にいるのに７０００ｍにいるような感覚」になると説明されることが多い。

ハイポーター
荷物の運搬を担うポーターのなかでもベースキャンプより上部で活動する人。通常荷物の運搬だけを担い、登頂のサポートなどガイド行為はしない。

りした技術をもっていることが前提だから、ほかのメンバーの行動に不安はないし、へんな補いあいみたいなこともない。だれかに行動をあわせる必要もなく、だれかが私のことを待っていたりすることもありません。

立場が上とか下とかいったことがまったくない。早く行ける人はさきに行って、それぞれが自分の役割を見つけて登山していく。だれかにやってもらうとか、だれかに任せるとか、やらされるという関係性がなくて、全員が自分のやるべきことを見つけて登りながら、おたがいを高めあっていけました。

チームで協力しながらロープを張る（右端が著者）

自分たちで登山をつくりだしていく経験

登山途中、Ｃ２で嵐にあって２日間閉じこめられました。食料も燃料も切れそうだった。このときも、全員でどうするか議論しました。私は日本人的な感覚で、チームをふたつに分けて、片方はＢＣまで降りて食料や燃料を持ってくる、もう片方はもう１日粘ってルートを伸ばすという提案をしました。ところが、強い口調で責められた。それぞれが対等なのに、頂上から離れる人間と頂上に近づく人間をどう分けるんだ、それは認められない、と。

こんなふうに議論して行動を決めるのは、新鮮な経験でした。登山隊に参加しているのではなくて、自分たちで登山をつくっていく。おたがいに意見を出しあって、しのぎあって、やりとりして登山のかたちをつくりだしていく。これこそが登山の醍醐味だと感じていました。

ナンガパルバットは、８０００ｍ峰のなかでも比較的難しい山です。登頂率もあまり高くありませんでした。そんななかでも、そのつどそのつど、状況を自分で判断して登山をつくりだしていく。登りも下りも、ぜんぶ自分らでやっていく。ほんとうにおもしろく、たんにおもしろいだけでなく、登山家としての自分をかたちづくるうえで、とて

メンバーのハイヨーと談笑する著者（左）

も重要な体験でした。

あらゆる判断を求められながら先頭を下る

6月30日の登頂後、標高7100mのC4で1泊して、7月1日の早朝、C4を発ちました。

下山の行程も一律ではありません。C4からBCまで1日で降りてこないメンバーもいました。そのあたりも自分の決断です。BCまで下ろうと無理をする必要もないし、BCまで下れる人が途中で待つ必要もない。一つひとつ自分で決断しながらの登山――これが私がやりたかったことなのでは、と感じながら歩いていました。

私が先頭で下っていきました。下山は、基本的には登りのときと同じルート。でも、ナンガパルバットは新たにルートを切りひらいていく感覚がすごく強い下山だった。上部に行っているあいだにルートの状況が大きく変わっていて、あらゆる判断を求められました。

いちばん大きく変わっていたのはクレバスです。標高4200mのBCと標高5000mのC1のあいだにクレバス帯があります。クレバスの状況は刻々と変わります。数日のあいだに氷河が動いて、いっきにクレバスが開くことも少なくない。登るときは氷河が安定していても、下山してくるとズタズタにクレバスが開いている。もともとあったクレバスが、雪で隠れてヒドゥン・クレバスになっていたりもします。

ヒドゥン・クレバスを踏みぬいて落ちてしまうとやっかいです。クレバスはなんとなく下に行くほどせまくなるV字のイメージがあるけれど、じつは袋型というか、中が広いケースも多い。ロープをつなぎあって行動していても、落ちると宙づりになるから、脱出に時間がかかります。

とくにカラコルムの山は1日のなかでも温度差や天気の変化が大きいから、クレバスの状況は登りと下りでまったく違

ズタズタに裂けた巨大クレバス

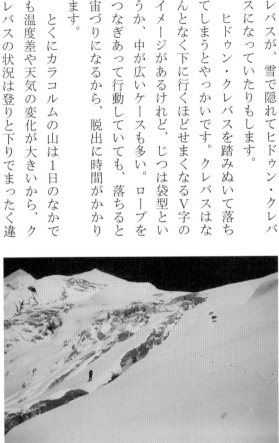

っていました。そんななかを、慎重にルートを選びとりながら進んでいきます。行きと完全に同じ場所を通ることはできないから、どこを通れば安全なのか、どこを歩けばスピーディーに下れるのか。その場の状況で一つひとつ判断しながら下ります。

楽しんで下ったはじめての山

これまでに登ったマカルーもエベレストも、下りはものすごく疲労困憊していたし、K2は隊の後片づけというか、隊の一員としての役割が大きかった。このナンガパルバットの下りは、1歩1歩、楽しみながら下ったはじめての下山だった気がします。

BCが近づくにつれて、さみしい気持ちが強くなりました。この楽しかった登山がもうすぐ終わってしまう——。1歩1歩、惜しみながら下ります。もちろん早くゴールしたい気持ちはあるんだけれど、それ以上にもう少しこの時間を味わっていたい。この登山のなかに身を置いていたい——。そんな意識があって、それまでの下山とはずいぶん違うものでした。自分たちで登山をつくりだしていく感覚も、登山家として高めあえるほかのメンバーたちとの関係性も、とても心地よかった……。

　昼前にBCにゴールすると、キッチンキーパー★や登頂を断念したメンバーが待っていて、ナベをバンバンたたいて迎えてくれました。

　ヒマラヤ登山って、山登りのなかでも特殊です。1か月以上の長い期間をかけて登山に取り組んで、試行錯誤と調整をくり返しながらゴールに向かっていく。長い時間、山登りのことだけを考えていられることも、状況がどんどん変化していくなかで思考とくふうを凝らしていくということも、最高におもしろい。ナンガパルバットでは、そんなヒマラヤ登山のすばらしさを心から感じることができました。

キッチンキーパー
BCでの食事づくりやお茶出しなどを担うコックやキッチンボーイ。登攀をサポートするシェルパを使わない登山でも、登山活動に集中するため、現地のキッチンスタッフを雇うケースが多い。

Ⅱ クライマックスとしての下山

2003→2005

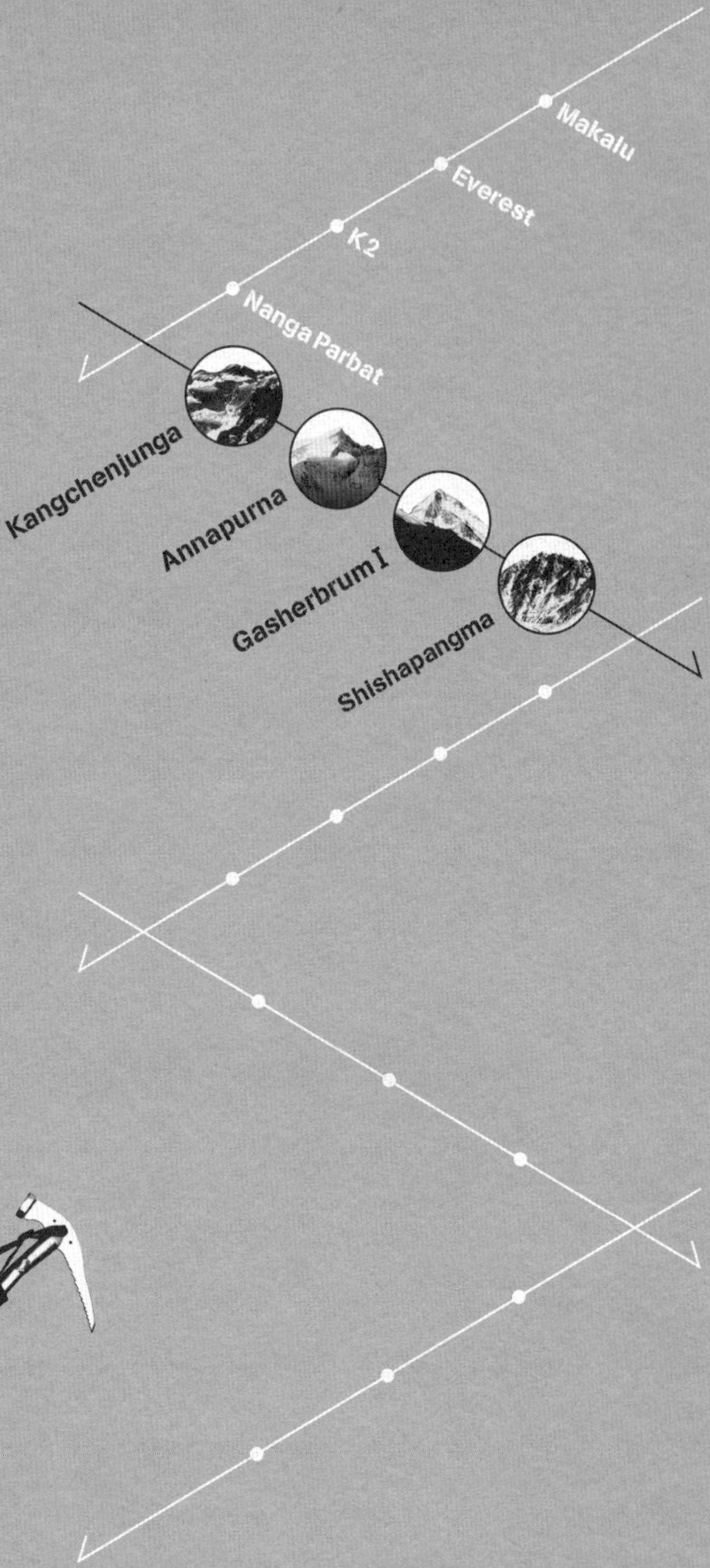

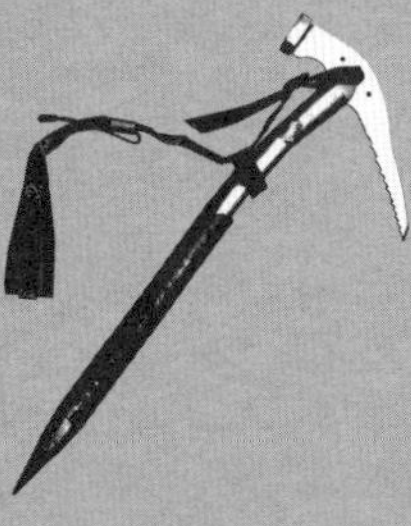

Kangchenjunga 2003

ホワイトアウトのなかを

敗退

カンチェンジュンガ
標高8586m

2003年のカンチェンジュンガは、登頂には至らなかったものの、竹内にとって大きな転機となる登山のひとつだった。その後多くの登山をともにするラルフ・ドゥイモビッツがはじめて竹内をパートナーとして誘ったのが、この山だったのだ。ラルフと竹内が出会った2001年のナンガパルバットでは、ラルフは公募隊のオーガナイザーで、竹内はひとりの顧客だった。だがこのとき、ラルフは友人として、パートナーとして竹内に声をかけている。この年以降、竹内は少人数のパーティーで8000m峰につぎつぎと挑んでいくようになる。

メンバーは竹内、ラルフのほか、公私にわたるラルフのパートナーで竹内とも何度も登山をともにすることになるガリンダ・カールセンブラウナー、デービッド・ゴードゥラー、ミッチー・ワルサー、ベイカー・グスタフソンの6人。みな、当時から国際的に名の知れた登山家だった。

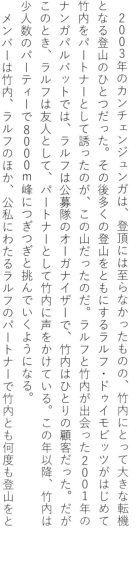

竹内、ラルフ、ガリンダ、ベイカーの4人はその後、8000m峰14座すべてに登頂する「14サミッター」となっている。しかしそんな強力なチームでも、この年のカンチェンジュンガはきびしい登山になった。

C2までは順調だった。登山活動をはじめて実質3日でC2までのルートを確保。だが、BCでの休息を経て、5月5日にC3設営に向かったとき、トラブルに気がついた。

「C1とC2のあいだにある巨大なアイスビルディングが大崩壊していたんです。ここにはフィックスロープを張り、さらに麓部分にクランポンなどの装備をデポしていました」

アイスビルディングの上部が巨大な氷塊となって崩れ落ち、その下の氷河に穴をあけていた。数日前には氷河上の雪原だった場所にクレーターのような大穴が開いていたという。苦労して張ったフィックスロープも、デポしていた装備も影もかたちもなくなっていた。クランポンなしに登山を続けることは不可能。ベースキャンプに来ていたトレッキングチームから借り受け、それでも足りないぶんは、近くの別の山に入っていた登山隊に衛星電話で連絡をとり、予備を借りにいって確保した。

そこからさきも天候に悩まされる。好天の周期が安定しないなか、わずかな晴れ間をついて標高7300mにファイナルキャンプとなるC3を設営するが、なかなか登頂のタイミングが訪れない。

「稜線では雪煙が舞いあがって、ジェット気流が山肌に当たるものすごい爆音がBCにまで聞こえてきます。そして午後3時になると、タイマーじかけのように大雪が降りはじめる日が続いていました」

ウェイティング・ゲームがはじまったのだ。BCでの待機は10日以上になった。

2001年のナンガパルバット以降、竹内は8000m峰をすべて無酸素で登っている。標高8500mを超えるカンチェンジュンガに無酸素で登り、無事に下山するためには、7日間程度の好天が続くことが望ましい。無酸素登山では酸素が体の末端にいきわたらず凍傷などのリスクも高い。酸素ボンベありならば強行突破できるような風・気温でも、無酸素では命とりになる。ほんらい、パーフェクトな条件が必要だ。だが、タイムリミットが迫っていた。「3、4日間程度、天候が安定する」という予報に賭け、竹内らはBCを出発、C1での1日停滞をはさんで3日後にC2へ入った。

下るか残るか、割れた判断

5月21日、標高6500mのC2に着いたときは晴れていました。たたんでデポ★していたテントを雪のなかから掘りおこして設営し、スリーピングバッグを干したり、テントの外でみんなでランチをしたり、のんびり過ごしていた。

ところが、いつのまにか青空はかき消されて雪が舞いはじめ、あっというまに

カンチェンジュンガ
ネパール・インド国境にあり、標高世界第3位。主峰のほか、西峰（ヤルン・カン）、中央峰、南峰の3つの衛星峰（主峰

横殴りの吹雪になりました。

ベイカーとふたりでテントのフロアに座りこみ、小さなのぞき穴から外を食い入るように観察しました。ミッチーとデービッドがいる隣のテントがみるみる雪に沈んでいく。それまで聞こえていた笑い声も消えて、私たちの口数も減り、大粒の雪がテントをたたく音だけが聞こえます。

しばらくして、ミッチーとデービッドが下山すると伝えてきました。われわれは6人のチームである一方で、それぞれがひとりの登山家です。そういう意味では、6つのチームがあるともいえる。チームとして議論して行動を決めますが、最終的には個々人の決断です。

シーズンの終盤でタイムリミットが迫っていて、好天があまり望めないなかでC2入りしています。多少の悪天候でも、C3まで上がって登頂のチャンス

完全に雪に埋もれたテントを掘りおこすベイカー

の尾根続きにあって単独の山とはみなされないピーク）が標高8000mを超えるひじょうにスケールの大きな山。

デポ
荷物を一時的に置いておくこと。キャンプにはテントを張りっぱなしにしておくこともあるが、風で飛ばされるのを防ぐためにたたんで置いておくこともある。

を待つ。これがわれわれに課された大前提です。しかし、連日の天気とこの日の降雪量からして、上部がそうとうきびしい状況になっているのは目に見えています。このままでは明日C3に上がることは不可能――。ふたりはそう判断したのでしょう。

状況が本格的に悪くなるまえに下山するのは、登山においては絶対的に正しい判断です。その意味では、ミッチーとデービッドは正しい。でもヒマラヤでは、吹雪の切れまに見えたわずかな光がそのまま広がって、ウソのように天気が回復することもある。期待をこめてそう思いながら、ミッチーとデービッドを見送りました。

なんとしても登りたかったルート

残った4人で今後についてディスカッションしました。いろいろな意見が出ました。明日の朝を最終判断のリミットとしていいのか。朝まで粘って翌日上へ登れればいいが、ダメなら閉じこめられる。ならばいったんC1まで下ったほうがいいのでは？　C1に下るのならばBCまで。いや、BCまで降りればそれは挑戦断念ということになる……。結局、明日の朝天気がよければ行く、悪ければ下る、とシンプルに決めました。

じつは、カンチェンジュンガのこのルートには思い入れがあって、なんとしても登りたかった。ふだんはダメならダメでまた来ればいいやと思います。でも、このときはなんとしてもいま登りたい、降りてしまったらつぎはいつ来れるだろうかという思いが強かった。

このルートは1998年に日本山岳会青年部の登山隊が登って、事故があったルートです。ふたり、亡くなっています。私は日本で留守本部を担当していて、リアルタイムで報告を受けたり、マスコミ対応をしたりしていました。このとき亡くなった赤坂謙三さん、椎名厚史くんとは、1996年のK2にいっしょに登っています。椎名くんは同学年、赤坂さんとはテントパートナーでした。親しいふたりが亡くなった場所。なんとしてもふたりが登ったルートを歩きとおしたい、ふたりが最後に見た頂上までたどり着きたい――。そう思っていました。

ホワイトアウトのクレバス帯を駆けおりる

そんな思いとは裏腹に、天気は悪くなる一方です。明日の朝判断すると決めたものの、雪は激しさを増して、1時間前に下っていったふたりのトレースも完全に消えていました。私たちがテントを張った場所の上部には氷の塔ができていて、それが小さな雪崩をさえぎってくれていた。ただ、その氷塔の3分の2くらいが雪に埋まって、その上には雪庇《せっぴ》★が張りだしている。氷塔からはずれたところには、小さな塵雪崩《ちりなだれ》★が音もなく流れていました。

しばらくして、私たちに気象のアドバイスをくれているオーストリアのチャーリーに電話が通じます。チャーリーは私たちの登山中、ずっと気象レーダーを見てくれていた。天候はあるていど安定する予報だったけれど、ゲリラ豪雨のような突然の豪雪が来ることを察知した。それで連絡をくれました。切迫した声が飛びこんできました。「今晩すごい雪になるから、いますぐ降りろ」。チャーリーは叫ぶようにそう言っていました。

C2からの下山路には、クレバス帯やアイスビルディング★があり、雪が降れば降るほどやっかいになる。すでにただの悪天候ではないとみんなが感じていました。1秒でも早くC1、そしてBCへ下るべき。そう判断しました。つくりかけの水も放りだして水筒も空のまま下りはじめた。夕方にさしかかる手前くらいの時間帯です。

雪庇
尾根や氷の上に積もった雪が風下側に大きく張りだし、ひさしのようになった塊。稜線を歩くさいなどは踏みぬきに要注意。

塵雪崩
積もって固まるまえの雪が、風に飛ばされて斜面を滑り落ちること。

アイスビルディング
巨大な氷の塔。氷塔は通常セラックと呼ばれるが、ビルのように巨大なものをアイスビルディングと表現する。

左右どころか上も下もわからない。完全なホワイトアウト★です。自分が進んでいるのか、止まっているのかすらわからない。地に足がついていないような、ふわふわした感覚のまま先をめざします。つぎつぎに左右を塵雪崩が流れていく。ミッチーやデービッドのトレースはわずかな痕跡すらありません。

ロープをつないですぐ前を行くベイカーとのやりとりも、怒鳴らないと声が聞こえません。怒鳴りあいながら、何度もクレバスに足をとられながら、走るように下っていきます。天気のいい日でもかなり神経を使ったクレバス帯に雪が乗っていて、ほんとうに緊張を強いられる。でも、止まる余裕はありません。アイスビルディングに張ったフィックスロープを大急ぎで懸垂下降して、ふだんは後ろ向きに下るような場所も飛びおりるようにして降りました。

暗雲に消えた頂

下のほうは多少雪の降りが弱かったようで、さきに下ったふたりの足跡がうっすら残っています。視界も多少利くようになり、どうやら危険地帯を脱したようです。しかし、さっきまでいた上部を見上げると、どす黒い雲がまとわりついています。あの雲のなかがどうなっているかははっきりとわかる……。あ

ホワイトアウト
吹雪や地吹雪、濃霧で視界が白一色になり、地面と空の境目がわからなくなるような状態のこと。地形が把握できないのでクレバスなどへの転落のリスクも高まる。

のとき、大急ぎで下ってきてよかった――。

このカンチェンジュンガでは、BCからC1に向かうとき、はじめに長い下りがあります。つまり、C1からBCにもどるには最後が登りになる。いつもは裸で歩きたいほど暑い道ですが、このときは雪が降りつづいて気温も低く、ジャケットのフードをすっぽりかぶったまま歩いていました。

BCに着くころにはすっかり日が落ちて、ふり向くと吹雪の混じる雪の切れまに、一瞬だけカンチェンジュンガの頂が見えました。雪煙を大きくたなびかせ、夕日に真っ赤に染まったその頂上は、瞬きをしたあいだに、また暗い雲のなかに消えていきました。

BCで、たかが数時間離れ離れになっただけのミッチー、デービッドと固く抱きあい、カンチェンジュンガの挑戦は終わりました。

カンチェンジュンガ北面のベースになるパンペマは、ほんとうに気持ちのいい場所です。ヒマラヤのBCは氷河の上やモレーン★の上が多いのに、ここは草原。石づくりの小屋があって、地元の人が遊牧や草とりで来るような場所です。大草原で、草原の先が崖でパーンと切れていて、そのさきに氷河があって山ま

モレーン
氷河によって長い時間をかけて運ばれてきた岩や土砂が土手のように堆積した地形。流動中の氷河

で連なっている。自分の歩くルートがぜんぶ見えるんです。ほんとうにいいところでした。

カンチェンジュンガには2006年に再挑戦して登頂（P128）しますが、このときは南面からでした。椎名くん、赤坂さんが亡くなった北面のルートはまだなぞることができていない。このパンペマの再訪と北面ルートの再登は、いつかまた挑戦したいです。

では両側や末端などにできる。

妥協なき道具マニア

牛山和人
（うしやま・かずと）

1970年、神奈川県生まれ。95年にカシオ計算機に入社し、時計事業部で登山用時計PRO TREKの開発を担当。時計づくりの参考にと、2006年からは山岳会に所属して登山に取り組み、登山ガイド資格も取得。竹内とは時計づくりのパートナーであり「釣り仲間」でもある。

時計好きの竹内だが、人前に立つときに着ける時計はPRO TREKだけ。牛山は、竹内が使いたくなる時計をつくりつづけると語る。一方、プライベートでは渓流釣り仲間でもある。竹内との思い出を語る姿はとても楽しげだった。

登山用時計PRO TREKをはじめて竹内さんに使ってもらったのは、2005年のシシャパンマです。ソーラー発電式の電波時計で高度計、方位計もついている自信作。ところが感想をうかがうと、「あんなにでかいのは腕時計じゃありません」と。ハンディタイプの高度計としては使えるけれど、腕時計としては大きすぎて使えないと言われてしまいました。たしかに、あの厚さではロープを操作するときじゃまだし、ジャケットの着脱時にもストレスがある。

竹内さんが腕時計に求める最大の要素は、やはり「時間」です。高度計は必要でも、それで動きを妨げられるのはダメ。だから、手首という「一等地」につけるにはストレスにならない薄さが絶対条件だったんです。

当時、液晶パネルを二枚重ねて方位などを表示する方法を採用していました。わかりやすいと評判でしたが、厚さの要因にもなっていた。竹内さんのレビューを受けて、すっぱりやめました。一般のお客さまにも薄型化へのニーズはかなりあったようで、改良したモデルは商品としてもよく売れました。

アナログ化にも取り組みました。「タイムリミットまで、あとどのくらいか」を視覚的にイメージするにはアナログのほうが便利です。ユーザーのなかでもデジタル派とアナログ派は半々くらい。でも、アナログは針が入るぶん厚くなる。アナログの初代モデルもまた、竹内さんには使ってもらえませんでした。道具に対して、いっさいの妥協がない。竹内さんに使ってもらえるものを、とつくりあげたのが、14座目のダウラギリにも使ってもらったモデルです。

これは4本の針で、時間だけじゃなく、高度、方位、気圧などを表現できる「ほんとうのアナログ時計」。通常のモデルでは針はすべて白ですが、「色を変えて視認性を高めたい」という竹内さんのアイデアを受けて、緑・黄・赤に色分けしました。完成がかなりギリギリになってしまって、ダウラギリのベースキャンプまで届けにいったんです。そうしてつくった時計を竹内さんが腕に巻いて、14座目の頂上に立ってくれた。知らせを受けたときはグッときました。

私たちの関係は、「私がPRO TREKに8000m峰を経験させます」という竹内さんのことばからはじまりました。竹内さんって、「時計マニア」なんです。企画会議のときも、テーマにあわせて自分のいろんな時計や部品を持ってきてくれる。そんな竹内さんが、最初は「腕時計としては使えない」と一蹴していたPRO TREKを、いつからか「相棒」と呼んでくれるようになりました。ほんとうにうれしいことです。

Annapurna
2004

二度と行きたくない山

5座目

アンナプルナ
標高8091m

2004年、竹内はラルフ、ガリンダらとともにハードなスケジュールをこなしている。4月初旬、ネパールのカトマンズ経由でチベットへ入り、順化のための登山を経てシシャパンマ（8027m）へ。南西壁から登頂をめざしたシシャパンマは6500m付近でラルフが落石に遭ったため撤退したが、すぐにカトマンズへもどってヘリでアンナプルナのBCに入っている。BC入りから7日でアンナプルナに登頂し、10日目にはBC撤収という離れ業。いったん日本に帰国したあと、こんどはパキスタンへ飛んでガッシャーブルムⅠ峰（登頂成功・P93）、とⅡ峰（断念）に挑み、時間切れで実現しなかったがK2の再登まで視野に入れていた。4か月半ほどのあいだに8000m峰5座に挑もうという野心的な計画。竹内はこれを「超高所耐久登山」と名づけている。

「このころは、私もラルフも、8000m峰14座登頂を具体的な目標にはしていなかったけれど、行けるものなら1年でふたつでも3つでも登りたいという思いはもっていました」

アンナプルナのBC入りは5月21日。ヒマラヤでは、夏が近づくとモンスーンが吹き荒れるほか、気温も上がって氷河の崩壊が進む。ギリギリのタイミングだった。チャンスは一度。必要な装備をすべて持ってBCを出発し、そのまま山頂をめざす。「アルパインスタイル」と呼ばれる登り方だ。

BC入りの翌々日から登山を開始し、5泊で登頂に成功して8日目に下山――。こう聞くとじつにスムーズな登山だったのかと想像するが、そうではなかった。竹内は「いままでで最悪の登山だった」とふり返る。

最初に襲われたのは食中毒。BC入り翌日に食べた朝食の何かに当たったらしい。高所でもほとんど体調を崩さない竹内が、丸1日テントのなかでのたうち回った。

「水を飲んでも、空気を吸うだけでも吐くような状態で……。でも、時間もないし、食中毒ならばそのうち治るし、とにもかくにも出発しました」

下部のアイスフォールは、すでに崩壊がはじまっていた。アイスフォールとは、氷の塔が幾層にも積みかさなって続いている氷河帯のこと。気温が上がって氷が解けだすと、大きな氷の塊が崩れ落ちてくる。すでに5月の後半。太陽が当たるまえに通過しなければ、それは自殺行為だ。

5歩歩いては吐き、10歩歩いては胃を押さえてしゃがみこむ。胃からはもはや何も出てこない状態になりながら、必死にラルフとガリンダを追った。標高5000mにC1をつくり、泥のように眠った。体調はなんとか回復したが、夜のあいだに多量の雪が降った。翌日のルートはクレバス地帯。雪がかぶり、ヒドゥン・クレバス（隠れたクレバス）となったエリアをロープをつなぎあって通過していく。片足がクレバスにはまるのはあたりまえ。何度も転びながらも雪をかき分けて進んだ。

C2でも大雪。夜、雪の重さでテントがつぶれ、危うく窒息しそうになった。1日停滞して翌日にC3、翌々日には標高7100m付近にファイナルキャンプとなるC4をつくり、山頂をめざした。

「地吹雪や積雪でテントはつぶれるし、ルートも複雑でした。2泊で登頂して4日目にはBCに帰るつもりだったのに、めざしていた場所までたどり着けずに日数がどんどん延びていったんです」

疲労困憊での下山開始

5月23日にBCを出て、登頂したのは28日。2泊で登頂する予定が5泊になった。頂上には、登頂したというよりも、なんとかたどり着いた……。食料はほとんど残っていなくて、疲れはてていて、自分の意思とは関係なく、ただ機

アンナプルナ
ネパール中部にそびえる。山名の由来はサンスクリット語で「豊穣の女神」。1950年、8000m

械的に右足と左足が交互に動いていました。前を歩くラルフに、何度も「もうダメだ！　降りる！」と叫ぼうと思ったのに、声が出なくてしかたなく歩いたような状態です。最後は、ヒザをつきながら頭を雪に押しつけて、まるで土下座のような体勢でじりじりと登っていきました。

　登頂してラルフ、ガリンダのところにたどり着くと、ラルフがガバっと抱きついて、ひげ面を私の頬にこすりつけてきた。何ごとかと思ったら、「ヒロありがとう。ヒロといっしょじゃなければ、きっとＣ３までも登れなかった」と。ラルフは弱気なところがあって、Ｃ２でもＣ３でも、雪が多すぎるから撤退しようって言っていました。それを私とガリンダで「もう少し行こう」と説得して引っぱった。このときは私のルートファインディング★がさえていて、複雑な地形のなかに的確なルートを見つけられたことも大きかった。そんなこともあって、ラルフは「ヒロがいたから」と言ってくれました。そうはいっても、最後はさすがの強さでほとんど前を歩いていたけれど。ガリンダとも抱きあって喜びました。前日まではほんとうに忌々しい頂上と思っていたのに、そんな思いは消え去った。ふたりに感謝した、かけがえのない瞬間でした。

　下山も過酷でした。何度も座りこんだし、そのまま眠ってしまいたかった。

峰として最初に登頂された。累計登頂者数は8000m峰でもっとも少なく、死亡率はもっとも高い難しい山でもある。

ルートファインディング　登山路や岩壁で自分が進む正しいルートを見つけだすこと。決まった登山ルートがない高所登山では自分の知識や経験から登れるルートを見つけだしていく。

7100mのC4にたどり着いたときには、もう暗くなりかけていました。

キャンプに着いても、食料はほとんど残っていない。何も食べずに動くから、茶色い胃液を吐きながら歩いていました。BCを出たときに持っていた食料は4日分。4日分といっても、たんに「4つに分けてある」というだけで、平地では2日分くらいですが。

登山って、ものすごくエネルギーを使うイメージがあるかもしれません。でも、水さえあれば人間はあるていど動けるし、軽量化のほうが大切なので、食料は最低限しか持ちません。何週間もその状態が続くのは無理だけれど、アルパインスタイルの場合は予定が延びても数日です。だから、予備食という考え方はない。予定日数ぴったりのぶんしか持ちません。4日で下山する予定だったのに、登頂するまで6日かかった。登頂した日には食料がほぼ尽きていました。

氷壁の大トラバース

登頂翌日の29日。朝起きたときは、ほんとうに干からびたような状態でした。

下りはじめると、空気が濃くなってくるから、じょじょに体も動くようにな

トラバースして下った氷壁

ります。それでも、技術的にもほんとうに難しい山でした。とくに苦労したのがC4とC3のあいだにある氷壁の大トラバース。★登りもたいへんだった場所ですが、下るほうが難しい。1歩ずつ、クランポン★の前爪を氷に蹴りこみながら下っていく。このときはスピードを重視して、ロープを使わずに行動していました。滑ったら、おしまいです。

そんな緊張を強いられる場所で、体重を移すと足がクニっと外側に倒れこむようになりました。よく見ると、クラ

トラバース
英語で「横断」の意味で、文字どおり岩壁や氷壁、斜面を横方向に移動すること。「へつる」などと表現することもある。

ンポンのつま先が靴から浮いていた。クランポンと登山靴はがっちりとズレないように固定しますが、ゆるんでしまった。壁に張りついているような状態だから、つけなおすのは不可能です。残り20mくらい、なんとか渡りきるしかない。できるだけ右足に体重をかける時間を短くするように、びっこを引くイメージで下りました。そうして雪の斜面までたどり着いた。助かった……。心底そう思いました。

その日はC2まで下りました。ほんのわずかに残ったガスで雪を解かしてお湯にして、すでに2回は使ったティーバッグをスプーンでカップの底に押しつけて、なんとか色をつけて飲みました。残っていた食料はサッポロ一番の塩ラーメンが4分の1袋とドライマンゴーふた切れ。もう燃料がなくてお湯をつくれないから、ラーメンはそのままかじりました。ほとんど食べられなかったけれど。

崩れていくアイスフォール

翌30日の早朝、C2から最後の下山を開始しました。C2の標高は5500m。このくらいの標高までくれば、だいぶ気分が落ち着く山も多い。でも、ア

クランポン
アイゼンとも。鉄の爪がついた登山用具で、固い雪や氷の斜面を歩くさいの滑り止めとして登山靴にとりつける。高所登山をふくむ本格的な雪山登山では12本爪（靴のサイズが小さい女性などは10本爪）が標準。爪の数が少ないものは雪山ハイキングや夏山の雪渓歩きに使う。

ンナプルナは違います。C1の下には恐怖のアイスフォールが待っている……。登りのさいは通れた上部のガレ場★も、崩れた氷で完全にふさがれていました。それこそ、ちょっとしたビルくらいありそうな巨大な氷柱が倒れています。アイスフォールを見渡すと、全体がグサグサで真っ白でした。白いということは、いままさに崩れているということです。

目の前の、不安定に積みあげられた巨大なビルのような氷の塊すべてに大きな亀裂が走っている。いまにも崩れてきそうです。すぐ近くからものすごい爆発音も聞こえてきます。アイスビルディングが崩れて、まわりの氷柱も巻きこみながら大崩落している……。南極の氷河が崩れて海に落ちて、巨大なしぶきをあげる映像……まさにあのイメージ。あれを山

このアイスフォールのなかを下っていく

ガレ場
岩や比較的大きな石がゴロゴロ散乱している斜面のこと。沢筋や岩場の崩壊によってできる。ガレ場よりも細かな石が散乱している斜面は「ザレ」と呼ばれる。

でやったような。そこに人間が迷いこんでいる。

巨大な氷柱が崩れると、こんどは氷の塊が飛び散ってあたりを埋めつくします。氷の塊といっても、一つひとつが軽自動車くらいある。もちろん、当たったら終わりです。こんな光景があちこちで起こっている。

両手にアックス★を持って、右往左往、あっちへ逃げてこっちへ逃げて。そうしているうちに、岬のように飛びでたアイスビルディングの上に出て、どこにも進めなくなりました。懸垂下降するしかない。けれど、そこもいつ崩れるかわからない。崩れたらおしまいの先端部分にラルフが走っていってスクリュー★を打ちこみ、タイミングを見計らって私も駆けよってロープを渡します。そのスクリューを打っている氷のなかから、キッキッキッと音がする。氷がきしむ音。ピキッという亀裂が入る音も聞こえました。すぐ横の氷柱も崩れて、自分たちがいるところもいまにも崩れそう。こわい——。はじめて恐怖で吐きました。

懸垂下降も、ロープの長さが足りないから最後は体を振って飛びうつります。ひとりずつ大急ぎで懸垂下降して、多少マシなところまで走って逃げました。

アックス
雪や氷の斜面、雪壁の登り下りに使う道具。シャフトと呼ばれる柄にとがった刃（ピック）と広がった刃（ブレード）がついたつるはしのような形状をしている。ピッケルとも。アイスバイルやアイスハンマーといった別の用具もふくめた総称として使うこともある。

スクリュー
アイススクリュー。氷に支点をつくるさいに使う

登頂の喜びではなく、無事にもどれた喜び

そこから先は右側は岩壁で、解けた雪が滝のように流れていました。落石もひっきりなしです。左側にはアイスフォールが続いていて、ぐちゃぐちゃになった豆腐をそーっと積みかさねたような不安定さです。やはりひっきりなしに崩れていて、われわれの下をいままさに壊れたブロックが埋めつくしていました。

どっちに行くか。氷か岩か。どっちも最悪。ですが、氷の上はまだ走れます。3人で顔を見合わせて、小さくうなずきました。「GO！　GO！　GO！　GO！　GO！　GO！　GO！！！」。そう叫びながらいっきに走ります。通れるところを探してひたすらかけ下っていく。行きで通ったルートは完全に消えてなくなっています。ひたすら走る。そのすぐ後ろで崩壊音がして、氷の破片が走っている私を追いぬいていきます。細かい破片はいくつも当たった。形容が難しいけれど、戦場で砲弾から逃げているような感じでしょうか。

アイスフォールの先はモレーンになっていて、そこまで行けばだいじょうぶ。走っているときからモレーンは見えていて、キッチンスタッフがそこまで来てくれているのも見える。目の前は安全なのに、自分がいる場所はすさまじく危

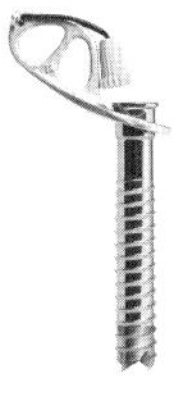

用具。中が空洞の円筒状でねじ山があり、氷にねじこんで使用する。

ない。隔絶された感じがまたおそろしかった……。

　モレーンまでたどり着いたとき、全員バックパックをその場に投げ捨てて、へたりこみました。生きて帰ってこれた。もう走らなくていいんだ——。後ろを見ると、それはそれはおそろしい、ズタボロになったアイスフォールで、急に鳥肌が立ちました。

　BCに帰ってきて、抱きあいながら浸っていたのは、登頂の喜びではなくて、無事にもどれたことの喜びです。ラルフが「生きているって、悪くないね」とつぶやきました。また行きたい山はたくさんあるし、ラルフやガリンダともあそこにまた行きたいって話はよくします。でも、このアンナプルナだけは……、もう二度と行きたくない。

モレーン到着後、安堵の表情を見せる一同。左端が著者

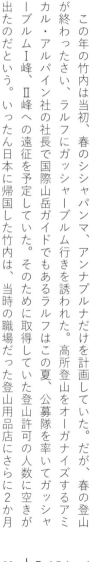

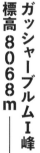

Gasherbrum Ⅰ
2004

身近にある死

6座目

ガッシャーブルムⅠ峰
標高8068m

エベレストなど、ネパール・ヒマラヤの登山シーズンはモンスーンが吹き荒れるまえの4〜5月と、モンスーン後の秋。一方、K2やガッシャーブルムがあるパキスタン・カラコルムは6〜8月の夏が登山シーズンだ。春をネパールで過ごし、夏になればパキスタンへ転戦する登山家も少なくない。

この年の竹内は当初、春のシシャパンマ、アンナプルナだけを計画していた。だが、春の登山が終わったさい、ラルフにガッシャーブルム行きを誘われた。高所登山をオーガナイズするアミカル・アルパイン社の社長で国際山岳ガイドでもあるラルフはこの夏、公募隊を率いてガッシャーブルムⅠ峰、Ⅱ峰への遠征を予定していた。そのために取得していた登山許可の人数に空きが出たのだという。いったん日本に帰国した竹内は、当時の職場だった登山用品店にさらに2か月の休みを請い、パキスタンへと向かった。すでに一度高所順化しているし、ガッシャーブルムには多くの登山隊が入山しているのでルート工作も分担しやすい。1か月程度でガッシャーブルムⅠ峰、Ⅱ峰に登頂し、その後はK2の無酸素登頂まで視野に入れてのパキスタン入りだった。

だが、気まぐれなカラコルムの天候がそれを阻んだ。

「とにかく天気が悪すぎたんです。2か月近い登山期間で、ちゃんと晴れたのは5日だけ。カラコルムは数年に1回〝ハズレ年〟があるんですが、まさにこの年でした」

ふだんはトレッキング客が行きかうBCへの道も雪で埋まり、腰までのラッセル。BC入りしても状況は変わらなかった。3週間前にBC入りしていたスイス隊はまだC1にしか達しておらず、さらに嵐でC1に1週間閉じこめられたという。竹内、ラルフ、ガリンダの3人でC1をめざしたさいも、通常3時間程度の道のりに7時間を要した。

竹内とガリンダは公募隊で一括取得した登山許可を借りているだけで、隊員ではない。公募隊といっしょに行動する必要はないが、状況がそれを許さなかった。行動できる日にはハイポーター顔負けの量を荷揚げし、ラルフの顧客をロープでサポートした。海外メディアが竹内を「雇われた日本人の専門家」と報じたほどだ。あまりの悪天候で補給も途切れた。BCへ燃料や食料を届けるはずのポーターが荷揚げをいやがり、物資が届かない。結局、わずかな晴れ間をねらってヘリコプターで搬入した。

「ガリンダとふたりで何度かC2に入り、明日C3、明後日登頂と計算しながら、そのたびに吹雪でBCにもどることが続きました。結局20日以上はBCで寝て過ごしていましたね」

BC入りから1か月半。天気予報を総合し、好天が予想される7月25日の登頂をめざして22日にBCを出る。ただし、出発時は吹雪。晴天の日に登頂するためには吹雪のなか行動せざるをえなかった。どこに行くにも、どこにもどるにも雪に埋まった。難所であるジャパニーズ・クーロワールでは塵雪崩がひっきりなしに起こり、何度も流されそうになった。胸まで雪に埋まるような猛烈なラッセルもこなした。別の隊のメンバーから、重機メーカーにちなんで「コマツ」とあだ名されるほどの働きだった。こうして24日、ファイナルキャンプとなる標高7000mのC3へと入る。

「この頂上はヒロのもの」

7月25日の登頂日は、それまでの悪天候がウソのような晴天でした。といっても、やっぱり雪はたっぷりあって、ときには腰までのラッセル★です。ファイナルキャンプのC3を夜中に出て、標高差1000mを10時間かけて登りました。登頂したのは正午過ぎです。

この日頂上に立ったのは、私とラルフとガリンダ、ラルフの隊のチームドクターのピーター、それに別の隊のバスク人4人とオランダ人ふたり、かれらの

ガッシャーブルムⅠ峰 パキスタンと中国・新疆ウイグル自治区国境に位置する。主要なアプローチルートであるバルトロ氷河からは別の山の陰に隠れて姿が見えないことから、「ヒドゥン・ピーク」（隠れた頂上）とも呼ばれる。隣にそびえる

ハイポーターがふたり、パキスタン人クライマーひとりの計13人。ラルフの隊の顧客は、16人中12人が登山を中止して、ほかの4人も別のガイドとガッシャーブルムⅡ峰に行った。いっしょに登頂したメンバーは別の隊ですが、ずっと顔をあわせていましたし、同じように行動していました。

私たちと、バスクやオランダのメンバーで、かわるがわるラッセルをして登っていました。もうすぐ頂上、というとき、私は後ろのほうを歩いていた。すると、頂上の手前でみんなが立ちどまったんです。「この頂上はヒロのものだよ。いちばんに頂上に立ってくれ」と先を譲られた。みんなに肩をたたかれながら頂上に送られ、そしてみんなを頂上で迎えました。荷揚げもルート工作もいちばん動いていたから、そこに敬意を払ってくれたのです。

積雪の斜面をラッセルしながら登る

ガッシャーブルムⅡ峰も8000m峰。このふたつのピークは氷河をはさんで別の尾根上にあるため、衛星峰（カンチェンジュンガの頁参照）ではなく別の山とみなされる。

ラッセル
積もった雪をかき分けながら進むこと。雪の深さにあわせて「腰までのラッセル」「すねのラッセル」などと使うことも多い。通常、雪が深ければ深いほど時間がかかって体力も消耗する。

ホセの死

頂上でひとしきりセレモニー★をすませて、ラルフ、ガリンダ、ピーターと私はひと足さきに降りはじめました。ひたすら斜面を下っていくと、頂上から1時間弱くらいのところに傾斜が緩んだフラットなスペースがある。そこで休むことにしました。頂上でもバックパックを降ろさなかったから、ファイナルキャンプを出てはじめての休憩らしい休憩です。陽が当たって、気持ちのいい場所だった。4人でテルモス★のお茶をまわし飲みして、おたがいの顔を見まわして喜びを分かちあいました。

そのとき、「みんな気をつけろ!」とラルフが叫びました。ハッとラルフの視線を追うと、はるか上のほうから何かが落ちてくる。色がついた何か。はじめ、バックパックかと思いました。赤いものが、雪と氷の斜面をはずみながら飛ぶようにこちらに向かって落ちてくる。近づいてきて、わかりました。バックパックではない。……人でした。体は不自然にねじ曲がっていて、われわれの頭上を飛びこえて、さらに下へと吸いこまれていきました。標高差で1000mは落ちてしまった。

同じ日に登頂したバスクのメンバーでした。山で登山仲間が亡くなることは

頂上でセレモニー
記念撮影など頂上でおこなう一連の行為。写真は登頂を証明する意味でもひじょうに重要。

テルモス
保温水筒（魔法瓶）のこと。サーモスとも。保温水筒を製造するドイツ・Thermos社が名の由来だが、保温水筒全般を指すことばとして使われる。

これまでもあったけれど、目の前で、というのははじめてのこと。しかも、落石や落氷は想像していても、人が落ちてくるなんて自分の考えがおよぶ部分ではありません。何があったか理解するのに時間がかかりました。

助かるわけがない。でも、助かってほしい。よろよろとでも動かないか――。そう願いながら、はるか下にあるその点を急いでめざしました。途中、ズズズっと少し動いた。もしかして！

でも、ただ重みで流されただけだったようで、やはりダメでした。ホセという名前の彼とは、ちょっとまえに頂上で抱きあっています。「ヒロ！　きみのおかげで登れたよ。ありがとう！」と言ってくれた。

ちょうど地吹雪が吹きはじめて、彼の体を少しずつ覆い隠します。同じバスクの仲間が、彼をその氷と雪の斜面に葬りました。★

基本的に、私は登りと下りを分けずに考えています。それでも、やはり下りのほうが事故が起こりやすいのは事実。靴底全体をフラットに接地させて、クランポンの爪をすべて効かせる「フラットフッティング」は、登り以上に気をつけます。登りのときより疲れているので、体の使い方もより意識する。

ホセが、具体的にどこでどうして落ちてしまったのかはわかりませんが、無

氷と雪の斜面に葬る
高所で亡くなった場合、搬送が困難なため、何かしらの遺品を回収して遺体は付近のクレバスなどに埋葬することが多い。埋葬も不能な場合はその場に放置され、それがときにルート中の目印になることもある。

事に降りてくることの難しさを感じました。登頂して終わりじゃない。下山の大切さをあらためて痛感します。

自分の力で登って降りるのが登山、のはず

下山中、天気は荒れませんでした。でも、荷下げの量がすさまじいことになった。

ラルフの隊のメンバー12人は途中で登山を中止していますが、そのとき、C2に大量の荷物を残していました。悪天候でとても降ろせる状況ではなくて、とにもかくにも撤退するということで。そこに残っている荷物はラルフの会社の荷物だから、放っておくわけにはいきません。

「損害」という意味も大きいけれど、それ以上の理由もあります。ラルフはもちろん、ガリンダも私も、ヒマラヤ登山の常連で、知っている人たちも大勢いた。行動には責任がともなっている状態でした。当然ゴミを捨てていったりはしないし、自分の荷物ではなくても、自分たちの関係する隊の荷物を放置しておくことはできない。だから、キャンプに残った荷物をわれわれですべて降ろしました。かれらが残したゴミまで持った。それらが入るようなデカいバック

パックは持ってきていないから、ふつうのバックパックにテントやらなんやらをくくりつけて。

　テントだけでひとり3張か4張。ロープも何がなんだかわからないくらい縛りつけて、アックスが何本かぶら下がっている。それでも持ちきれないから、ターポリン★の袋につめこんで、ソリみたいに引っぱって降ろしました。ガッシャーブルムは下のほうにくるとそれほど斜度もきつくないので危険ではないけれど、とにかく重たかった。荷物を持つのが仕事のはずのハイポーターまで荷物を置いて降りてしまって、かれらのぶんも持ちました。

　なぜ、自分たちの荷物じゃないのをこんなに持たなきゃいけないんだ——。ものすごく腹が立った。ラルフもガリンダもものすごく怒っていた。登山は、自分の力で登って降りてくるもの。荷物を降ろしていないのは自分で降りたとは言えません。

数人分の荷物を背負い、眉間にしわを寄せるガリンダ

ターポリン
ポリエステルに塩化ビニル樹脂のコーティングを施した素材。風雨に強く耐久性にもすぐれているので、ラフに使う場面で活躍する。

継続登山の挑戦は次回へ

山のような荷物を背負って、26日の夜8時半にBCに到着しました。BCで2日間レストしてから、ガリンダとふたり、ガッシャーブルムII峰に登る予定でした。ガッシャーブルムのI峰とII峰はBCとC1が共通だから、われわれは自分たちの荷物をC1に残していた。BCを夜中のうちに空荷で出発、C1の荷物を回収していっきにファイナルキャンプのC3へ入り、翌日頂上と考えて準備していました。

ところが、BCで準備していると、ラルフが「ビッグプロブレム！」と叫んでいます。彼のもとへと行ってみると、私とガリンダがC1に残したはずのテントや寝袋、ダウン、燃料などすべての荷物がもどってきていた。なんと、ほかの隊のハイポーターが降ろしてしまったようです。登山隊ではけっこう、降ろした荷物をそのままハイポーターにあげることが多い。それで、勘違いして降ろしてしまったようです。

どうしようもないので荷物を減らして自分たちで担いでいくことにしたものの、結局、吹雪。ほんとうはガリンダとふたりで数日粘るはずでしたが、数時間話しあって中止を決めました。この年の天候では、これからさらに雪の量が増えて難しいだろうと。

この年はシシャパンマ、アンナプルナ、ガッシャーブルムI峰、II峰、さらにK2と5座ねらって、登れたのは2座。それでも、コンパクトなチームで8000m峰を継続登山するという、このあとのスタイルのもとになった一年でした。

Shishapangma
2005

ぐるり1周旅の締めくくり

7座目

シシャパンマ
標高8027m

チベットの奥深くに位置し、チベット語で「牛も羊も死に絶えて、麦も枯れる地方」を意味するシシャパンマは8000m峰で唯一、完全に中国領内にある山だ。政治的な理由もあって「最後の8000m峰」と呼ばれ、初登頂は14座でもっとも遅い。

このシシャパンマは、1992年、立正大学の2年生だった竹内がはじめて訪れた8000m峰だ。竹内はアタック隊のサポートに回り、ファイナルキャンプより上、7750m地点まで達したが、登頂はしていない。そして2004年にもラルフ、ガリンダと挑みながら撤退した。

「2004年は天気もコンディションもよかったけれど、落石でラルフが負傷して撤退しました。今回は去年のリベンジです。去年の挑戦が終わったとき、すぐに来年もと決めていました」

大学時代に登ったのは北側のノーマルルートで、標高8008mの中央峰を経て最高地点の主峰へトラバースすることになる。一方、2004年、そして今回と、竹内らは主峰へダイレクトに突きあげる南西壁ルートを選んだ。

「無酸素アルパインスタイルで南西壁へ登り、北面の中央峰へトラバースして、ノーマルルートを下るという縦走スタイルのストーリーを考えました」

通常の8000m峰登山では、ファイナルキャンプにテントなどを残し、最低限の飲みものや行動食だけを持って山頂を往復する。しかし今回は、テントをふくめたフル装備で山頂を越えることになる。

「たしかに8000m峰の登山ではあまり多くないスタイルですが、ふだん北アルプスなんかでやっている縦走と同じです。シンプルに、追求したいスタイルを考えた結果、この計画になりました」

この前年、2004年は雪の量も天候も安定していた。一方、今回は豪雪。シシャパンマ南西壁のBCは麓の町からヤクに荷物を積んで2日ほどだが、町のはずれでヤクが雪に埋まり、それ以上進むことができなくなった。やむなくほんらいよりはるか手前にBCをかまえ、そこから南西壁に挑むことになった。今回はアルパインスタイル。BCを往復しながら少しずつルートを伸ばしていくのではなく、すべての装備を持ってBCを出発し、ルートを切りひらきながら上をめざす。BCが予定よりもはるか手前になる、つまりスタート地点が後ろになっても、この計画は変えなかった。

BCから壁のとりつきまで、通常1日のところを今回は2日。さらに4日間を南西壁で過ごし、山頂へ抜けた。南西壁では吹雪と雪崩に苦しめられ、7200m地点で停滞もしている。だが、竹内はこの登山を「ほんとうにおもしろかった」とふり返る。

「シシャパンマ南西壁は岩があって氷があって雪があって、平らなところもくぼんだところもある、総合的な登山技術が必要な場所なんです。状況がどんどん変化して、このさきどうなるかわからないなかで試行錯誤していく。複合的な登山でワクワクしました」

この思いは、ともに挑んだラルフ、ガリンダも共通だったはずだという。8000m峰という極限の状況下でも、試行錯誤を楽しめるメンタリティーがかれらの強さなのかもしれない。

アルパインスタイルでの縦走というストーリー

山頂に抜けたときは快晴でした。シシャパンマ★は、いまでは公募隊も入っていて8000m峰のなかではわりとポピュラーな山。ただし、位置的には孤立しています。独立峰でまわりに高い山がなくて、チベットの礫砂漠のなかに忽然と白い巨大な塊が現れる。頂上に立って自分の足元をずっと見ていくと、頂上から延びる白い山肌の先に、チベット高原の黄色い台地が続いている。地続きで白が黄色に変わるさまは、エベレストなどとはぜんぜん違う風景でした。

シシャパンマ
ネパールではサンスクリット語で「聖者の住まい」を意味する「ゴサインタン」と呼ばれる。最高地点は標高8027mの主峰だが、ノーマルルートから登山すると、まず8008mの中央峰へいたる。中央峰から主峰

山頂からの風景

下から見ても上から見ても、個性ある8000m峰です。

今回、南西壁から登頂して中央峰にトラバースし、北側に下山する「縦走」をアルパインスタイルで完結させるという目標を掲げました。どんなスタイルで登ろうと登頂は登頂ですし、何か記録を競っているわけでもない。それでも、何かを表現するというか、ひとつの登山として、このストーリーを完結させたいと強く思っていた。技術がおよばなかったり、道具が足りなかったりして1度もどってしま

へのトラバースは技術的に困難で標高もさほど変わらないため、中央峰登頂で「シシャパンマ登頂成功」とみなす人もいる。

うと、それはアルパインスタイルではありません。アルパインスタイルで完結させるには登りつづけていくという大前提がある。これはいわば自分たちで定めたルールです。それを大切に守っていきたかった。

５月１日にＢＣを出て、壁のとりつきまで２日、南西壁に入ってさらに４泊。５月７日の14時ごろ、シシャパンマ山頂に立ちました。

テントもシュラフも、ナベまで背負って８０００ｍ峰の頂上に立つのははじめてです。とはいえ、シシャパンマの山頂は８０２７ｍ。エベレストのファイナルキャンプより低い標高です。だから、特別につらいということはない。けれども、標高が８０００ｍ峰のなかで低いからといって気分がやわらぐわけでもない。エベレストとは約

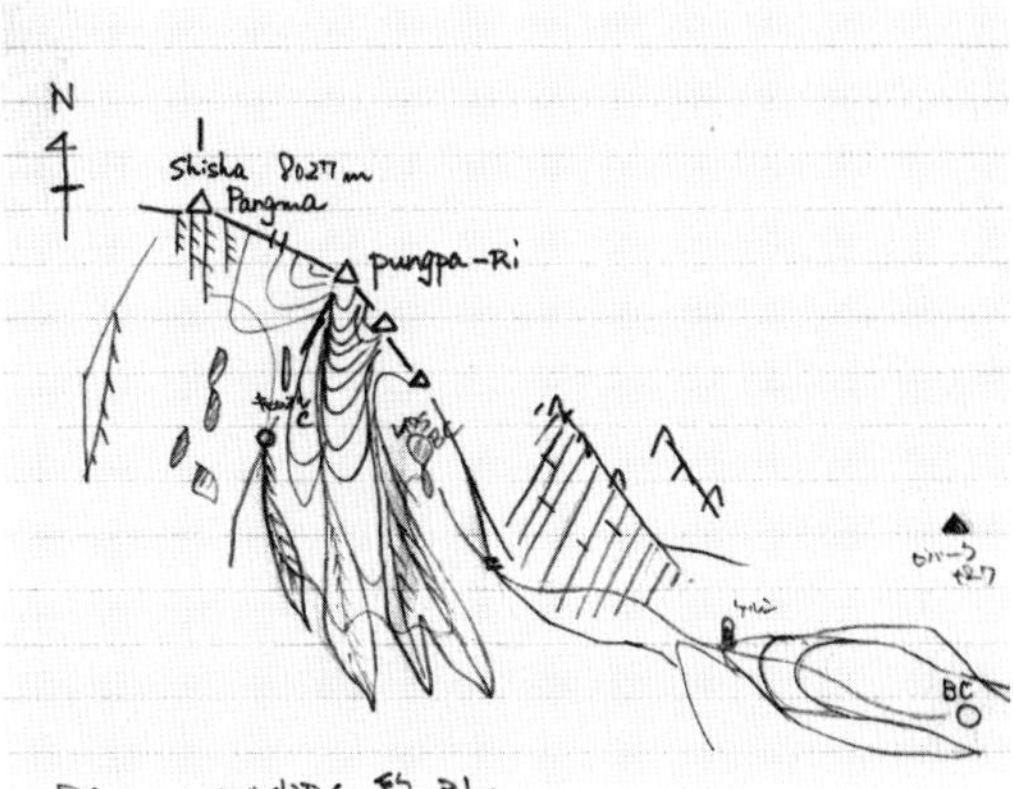

登頂までのルートのイメージ（登山中につけていた日記より）

800m標高が違うとはいえ、シシャパンマという山においては山頂がいちばん危険な場所です。そのこわさはどの山でも変わりません。

下りから人の影が濃くなっていく

今回下山に使うシシャパンマのノーマルルートでは、主峰と中央峰のあいだのトラバースがもっとも難しい核心部です。切りたったナイフリッジ★を稜線通しに歩くか、あるいは少し下側の斜面をトラバースするか。ナイフリッジは、それこそ場合によっては立って歩けなくて、リッジを頂点に馬乗りになって少しずつ進んでいくような場所。下側の斜面も雪崩が多発していて、過去に何度も事故が起きている。このときも、悪天候の直後で雪崩のリスクはかなりありました。ただ、北側から入った隊のトレースがうっすらとついていて、歩いて渡ることができました。

じつは、南西壁側から登って北面の中央峰へトラバースするのは世界初です。南西壁じたい、登る者はほとんどいない。登っているときは隔絶された空間で、ほかにまったく人はいないけれど、頂上に着いてノーマルルート側に足を踏みいれると、人の気配が現れる。その差がおもしろかった。日本の山を縦走して

ナイフリッジ
リッジとは岩稜や雪稜のことで、ナイフのように切りたったものをとくにこう呼ぶ。左右両側がすっぱりと切れおちた絶壁になっているような地形のこと。

いて、遠くに街なみが見えてきたような感覚に似ているかもしれません。

　このシーズンもノーマルルートにはそこそこ人が入っていたので、中央峰にトラバースして下山をはじめると、少しずつ人の「影」が濃くなっていく。最初はうっすらとしたトレースがあって、やがてテントサイトの跡があったり、ゴミが少し落ちていたり。３人で下のほうに動く黒い点を見つけて、「あ、人だ！」と喜びあいました。

頂上は通過点のひとつにすぎない

　登りは１００％自分たちでルートファインディングをしていました。一方下りは、トレースや目印のペナントがあって多少ルートが見えるので、そのぶん思考はらくになる。やっぱり、だれもいない壁に自分たちだけでルートを見つけて登っていく、それもアルパインスタイルを完結させるためにはもどれないというなかで、精神をすり減らしていました。もし下山も未踏のルートを行くということなら、精神的・体力的な配分が違ってくるけれど、北面はもう人が入っているルート、それも過去にファイナルキャンプの上まで来たことがあるということで、多少の安心感があった。当然、ノーマルルートを登っている人たちは自分たちが登るためにルートメイキングをしています。でもそれが、私たちをベースキャンプに導いてくれる道しるべに見えるというか。

ただ、これはシシャパンマにかぎった話ではありませんが、頂上に着いたときに「中間点だ」とか、「下山はらくだから7割がた終わったな」とか、そういった感覚はありません。頂上は、登山の行程のなかの通過点のひとつでしかなくて、それが全体のどの位置にあるかは、終わったあとにはじめてわかるもの。これからさきどうなるかわからないのに、半分だとか、6割、7割だという意識はもってはダメなんです。もしかしたらケガをして動けなくなるかもしれない。そこから這って帰るようなことになれば、頂上は半分どころか、まだ1割の地点かもしれない。ルートをまちがえて2日くらいさまよったりして、下りのほうがよほどたいへんだったとなるかもしれない。

シシャパンマを1周してBC到着

こういう感覚は、意識してもたないようにしているわけではなくて、8000m峰の登山をしていると自然となくなるというか、もてない環境にいるんだと思います。日本の山のように地図にコースタイムが書いてあって、「あと3

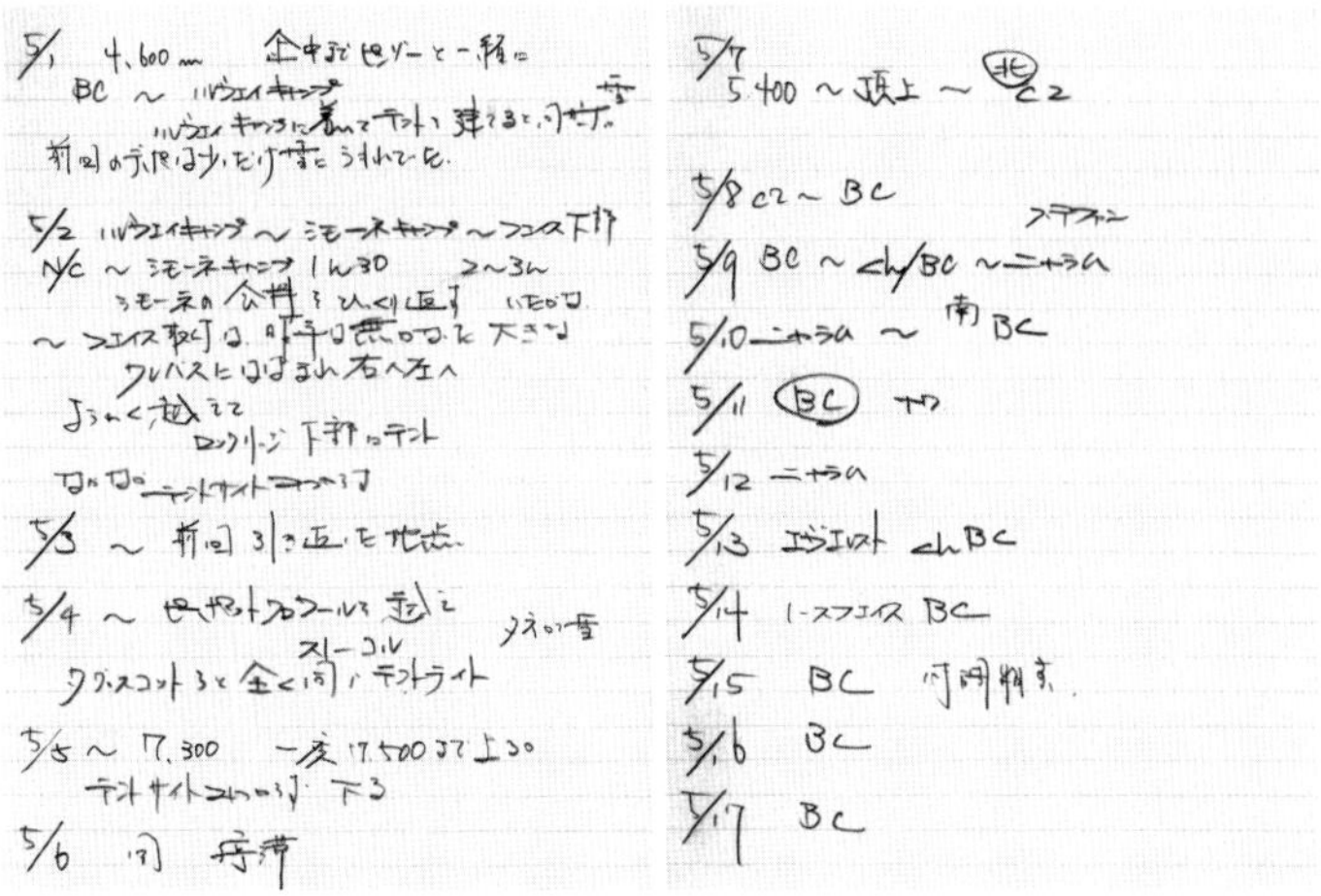

BCからBCまで、ぐるり1周旅の行程表（前出のノートより）

時間」だとわかるなら、目安にするのはいい。でも、ヒマラヤに標準コースタイムはありません。

そういう意味では、人の気配を感じるようになって安心感があったとはいえ、BCに帰りつくまで緊張は解けません。BCが見えていても、自分の力で帰りつかないことにはどうにもならない。

途中、標高6800m付近で1泊して、2日目の5月9日に北面のトラックベースキャンプ（TBC／チャイニーズBC）★まで下りました。シシャパンマのノーマルルートはちょっと複雑で、車が入れるTBC、登山拠点になるBC、本

トラックベースキャンプ（TBC／チャイニーズBC）
テンポラリーベースキャンプともいう。車で入れる最終地点で、実質的な

格的な登頂行程の拠点になるＡＢＣがある。私たちはＢＣにテントがあるわけでもないので、とにもかくにもＴＢＣまで下らなければいけません。

そこから車と徒歩で南西壁側のＢＣへもどりました。アルパインスタイルでシシャパンマぐるっと1周、10日間の旅。ほんとうに、旅しているようで気持ちよくて、技術的にも気合が入る楽しい登山でした。

このあとは、ＢＣを1日で撤収して、翌日からはエベレストです。


登山のスタートとなる。ＢＣまではここから徒歩で1日ほど。チャイニーズＢＣという名称は中国の連絡官が駐在していることが由来とされる。

Ⅲ 生還するために

2005→2007

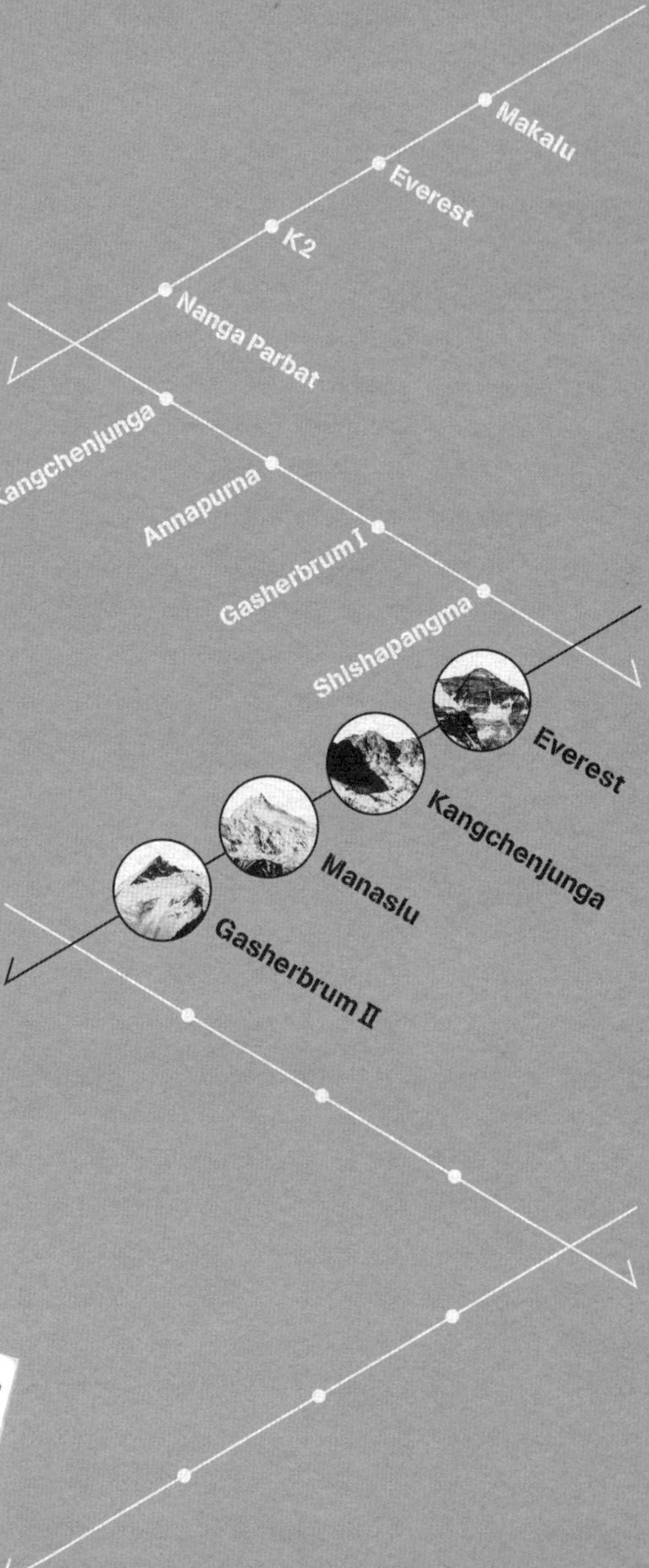

Everest 2005

死後の帰還

敗退

エベレスト
標高8848m

シシャパンマ登頂に成功した竹内、ラルフ、ガリンダの３人は、シシャパンマのＢＣを１日で撤収し、翌々日にはエベレストの北側にベースを張った。ねらうのはエベレスト北西壁スーパークーロワールルート。スーパークーロワールは北西壁の頂上直下を走る大岩溝で、エベレストでも有数の難ルートだ。しかも、ＢＣを張ったのが５月11日。国際公募隊などに参加してエベレストをめざす場合、４月上旬にはヒマラヤ入りして高度順化しながらＢＣをめざし、少しずつルートを伸ばして５月中〜下旬に登頂するのが一般的で、１か月以上の期間をかける。このときはシシャパンマで順化しているとはいえ、一般的なエベレスト登山に当てはめると異例ともいえる。

「シシャパンマとエベレストはＢＣがすぐ近くで、ひとつの登山を続けている感覚でした。アルパインスタイルで、シシャパンマの南西壁とエベレスト北西壁を継続する。すごくワクワクする計画です」

当時、少人数のチームで8000m峰の壁に継続してトライしていく登山家はほとんど例がなかった。一つひとつの課題は過去にクリアされていても、複合的な取り組みによって新たな登山スタイルを見いだしていくのがおもしろかったという。

だが、異様な天気に足止めされた。ジェット気流が動かず、連日頂上からは雪煙が上がっている。計画以来、何度も写真で見てきたスーパークーロワールは真っ白だったが、このときは雪がすべて風で飛ばされ、圧縮されたブルーアイスになって青く光っていた。ハッとするほど美しかったが、同時に無酸素で入っていける状態には見えなかったという。それでも、わずかな可能性に賭けたかった。

「過去にエベレストに登ったときはノーマルルートで酸素も使っています。もう一度エベレストという場で、それもこの3人でチャレンジするには、このルートがふさわしいという思いが強かったんです」

すでに5月の最終週。まもなくモンスーン期に入り、シーズン終了となる。時間との勝負だった。竹内はこのときの心境を、「まるで息を止めて水に顔を沈めているかのよう」と書き記している。天気や壁のコンディションを考えても、無酸素でこの難ルートに挑む条件ではない。いったんは壁にとりついたが、すぐに3人の意見は今年は無理だと一致した。

それでも無酸素でのエベレスト挑戦は続けたい。北西壁ではなく、中央ロンブク氷河と呼ばれる氷河からノースコルへ登り、チベット側のノーマルルートに合流することにした。このルートが登られるのは、エベレスト初登頂よりもさらに15年さかのぼる1938年以来、68年ぶりのことだ。

北西壁にほかの登山者はいなかったが、ノースコルの反対側にはノーマルルートのC3がある。ABCに位置づけられる登攀拠点で、100人単位の登山者が行き来していた。標高7050mのノースコル（C4）で3日3晩好天を待ち、サミットプッシュに出た。鈴なりに連なる登山者たちの横を進んでいく。このルートは1996年に竹内が登頂したルートで、よく覚えていた。7700mのC5はガレ場の石を無理やり平らにならしたような、なんとかテントを張れる場所が点在している。まもなくC5に着くというところで、異変が起きた。

ノイズのような痛みに襲われて

5月28日のこと——。C5の下のほうにはインドのチームがテントを張っていました。そこを通り過ぎた7700m地点が私たちのテントサイトです。上を見ると、ちょうどガリンダがテントサイトに着いたところで、「ヒロー！ここ！　ここ！」と叫びながら手を振っていました。OKと伝えようと、ガリンダに向かって手を振りかえした、ちょうどそのとき、痛みを感じました。頭の後ろのほうで、ジジジッとノイズが入ってきたような……。手を振っているガリンダの姿が一瞬白黒になって、ぼやけてピントがあわなくなりました。

あれ、おかしいなと思った瞬間、自分が息をしていないことに気がつきました。心臓の鼓動がいやに大きく聞こえる……。岩に寄りかかりながら激しくあえいで、なんとか肺に酸素を送りこもうとする。でも、続かない。ヒザが折れないようにこらえるのがつらい。自分の体に何が起こったのか、まったくわかりません。

遠くから、「ヒロ！　どうした?!」と声が聞こえました。ラルフでした。腕を支えられたようです。わからない、と返事をしたけれど、声になっていなかったかもしれません。ラルフが大声でガリンダを呼びました。こんどはガリンダの声が遠くから聞こえてくる。「バックパックを降ろして、私が持つから！」という声。ふたりの「ノー！……」ということばを最後に、まるでシャッターが落ちるように私の記憶は途絶えています。

とぎれる意識のなかで死を覚悟

気がついたら、さっき下から見上げていたテントサイトでした。私のバックパックに入っていたはずのテントがもうそこに立っていて、ラルフが私をテントのなかに引きずりこもうとし、ガリンダが私の靴を脱がしています。

3人分のスリーピングバッグに包まれた私に、ラルフがテルモスのお茶を飲ませようとしてくれました。そのお茶を2口、3口飲んだとたん、胃のなかでミキサーが回ったようにお茶がこみ上げてきた……。転げるようにテントの外に顔をつき出してお茶を吐きだし、続いてすっぱい茶色い液体を吐きだし、それからどす黒い何か、血のようなものを吐きました。頭が割れるように痛い。痛さで意識が遠のきそうなほどでした。

ガリンダから高山病予防に使われる錠剤と痛み止めを渡されて、お茶で飲みこみますが、すぐに吐きだしてしまう。こんなところで死ぬのかと、ものすごくくやしくて腹が立った。標高7700m、ふだんだったらなんてことのない標高なのに――。頭痛と溺れたような呼吸の苦しさで、何度も意識が遠のきました。

このあたりから自分の意識はとぎれとぎれなので、ラルフやガリンダに聞いた内容も交えてお伝えします。私はラルフに、写真を撮れ、ビデオを回せ、記録に残してくれと頼みました。最期のようすを残しておいてほしかったんだと思います。それに、ラルフやガリンダが責任を問われないようにもしたかったんでしょう。

パートナーの手当で息を吹きかえす

ラルフは、さっきと同じ種類の薬を砕いて、お茶に混ぜて飲ませようとしてくれましたが、これもダメでした。飲んでもすぐに吐きだしてしまう。意識はとぎれとぎれで、脈拍は50を割りこむまでに落ちました。空気の薄い高所にいると、脈はふつう早くなる。標高７７００ｍでこの数字は異常です。体はどんどん冷たくなって、硬く、動かなくなっていきました。

ガリンダがオーストリアにいる知り合いの循環器ドクターに衛星電話をかけて状態を話し、その指示でステロイド系の抗炎症薬を注射してくれました。高地脳浮腫や高地肺浮腫といった重篤な高山病の治

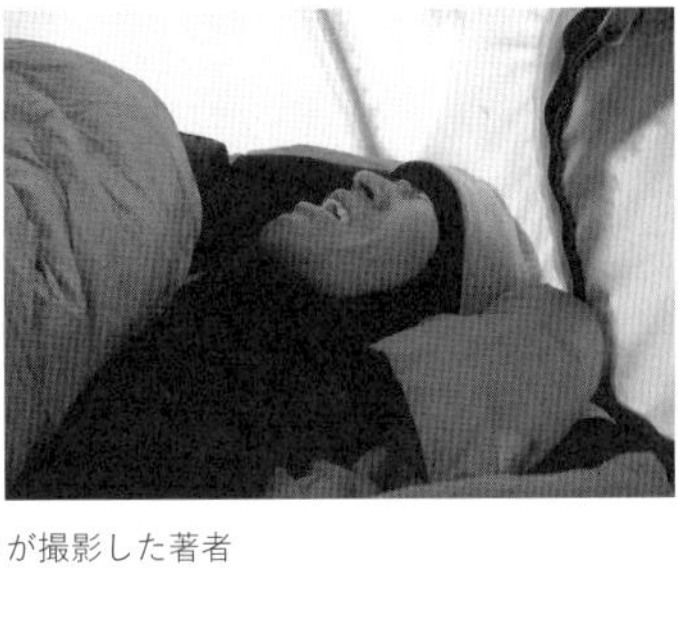

意識が遠のいていく、まさにそのときにラルフが撮影した著者

療に使う薬です。元薬剤師のラルフが私の腕をまくって、元看護士のガリンダが静脈にゆっくりと注射しました。

液剤が血管に流れこんでいくのがわかる。それが波紋のように体に伝わって頭に達したとき、吐くような頭痛になって体全体が縛りあげられたように感じました。

あまりの痛さ、遠のいていく意識、そして息ができない……。吸いこんだ息を吐きだせない……。胸をかきむしるように手が痙攣し、視界は薄れていき、そのまま呼吸が停止しました。

「ヒロ！　息をしろ！　息をしろー！」と、ラルフが私を抱えおこし、頬をたたいています。ブハーっと、吐くように息を噴きだして、むせ返し、溺れたようにあえぎながら息を吹きかえしました。

ドクターの指示を受けたガリンダに、こんどはカプセルに切れ目を入れた血管拡張薬を舌の下に押しこまれました。甘苦い味が少しだけ記憶に残っています。

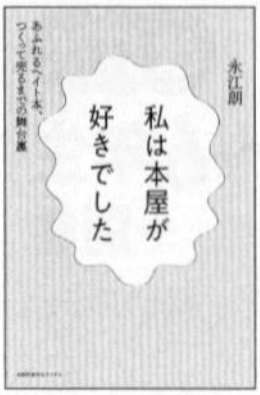

私は本屋が好きでした　永江朗著

あふれるヘイト本、つくって売るまでの舞台裏

しくみに忠実な労働が「ヘイト本」を生み、本屋の一角で憎悪を煽ることを〝普通〟のことにした―。ヘイト本がつくられ、店頭に並ぶまでのプロセスを現場取材からたどり、そのカラクリを解き明かす。　四六判・本体1600円

国籍の？《ハテナ》がわかる本　木下理仁著

日本人ってだれのこと？　外国人ってだれのこと？　山中正大絵

ナニ人かは「国」で決まるの？　ハーフの人の国籍はどうなる？　在日朝鮮人って、北朝鮮のひと？……。「○○人」と「国籍」をめぐる疑問に答える本。その基礎知識から、難民や無国籍の問題まで。　四六判・本体1000円

くわしすぎる教育勅語　高橋陽一著

1890年のエリートたちがつくりだした「名文」には、何が書かれているのか。315字の一字一句の意味と文章の構造をあきらかにし、その来歴と遺産までを語り尽くす。ありそうでなかった、上げも下げもしない教育勅語入門。べんりな付録・教育勅語関連年表つき。　四六判・本体2000円

隠れ教育費　柳澤靖明・福嶋尚子著

公立小中学校でかかるお金を徹底検証

義務教育って無償じゃなかったの？　膨大な入学準備費、教科書よりずっと多い補助教材、家計直撃の修学旅行。教育課程に必須のモノやコトまで保護者負担に頼る、驚くべき実態を明らかにする。　四六判・本体1800円

日本のスミレ探訪 72選　山田隆彦著

内城葉子植物画

どこで会えるのか、いつ咲いているのか。北は知床から南は西表島まで探しあてたスミレは167種。スミレ探究の第一人者が、忘れえぬ花たちを出会いのエピソードとともに紹介する。スミレ画72点を収録。　四六判・本体2400円

気もちのリテラシー

「わたし」と世界をつなぐ12の感情

八巻香織著
イワシタ レイナ絵

行き場のない気もちの落としどころって？「おそれ」を感じるから安心や安全がつくりだせる。「NO」と言うからYESが見つかる。12の感情の持ち味と、つきあい方がわかる本！

【付録】感情タロット＆トランプmini。　A5判・本体1700円

ひとりでできるこころの手あて

［三訂版］

八巻香織著
イワシタ レイナ絵

ひとりでできないことがある。だから、ひとりでできることがある。いま痛みがあっても、「私」はわたしのいちばんの味方になれる。多くのファンをもつセルフケア・ブックの新装三訂版。（2020年11月刊）　A5判・予価:本体1500円

子どもの扉がひらくとき

「モンテッソーリたんぽぽ子供の家」の子育てから

小川浅子著

自立した人間になるという大仕事を、子どもは全生命をかけてゆっくりと学んでいく――。創設33年を数えるモンテッソーリ園の園長が、たくましく育つ子どもたち、ともに変わっていく親たちの姿を伝える。　四六判・本体1800円

世界を変えるための50の小さな革命

P・バッカラリオほか著
上田壮一日本版監修　有北雅彦訳

人気冒険ガイド第3弾、今度の標的はSDGs！ 環境破壊、貧困、スマホ依存、ウソ、偏見……。このまちがった世の中にガマンがならない？ さあ、同志とともに、世界をよりよく変える50の革命を起こせ！　四六変型判・本体1600円

あなたは何で食べてますか？

偶然を仕事にする方法

有北雅彦著

世の中には、こんなにさまざまな仕事があり、食べていく道がある！　物語屋、珍スポトラベラー、素潜り漁師……に、かれらはなぜなれたのか。驚いて笑ってグッとくる、エンタメ的進路参考書。　四六判・本体1600円

「いっしょに下ろう」

それからどれくらいの時間が経ったのか。目が見えているのかもわからない。視界に入っているようすは自分が見ているものなのか、それとも夢なのか。体は浮いているようで、実体感がまるでない。自分の体かどうかもわからない……。

「ヒロ！　ヒロ！」と呼ぶ声が遠くから聞こえます。霧がかかったような視界のなかに自分の手が見えて、それをだれかがしっかり握ってくれているけれど、握られているという感覚はありません。

その手の向こうに、ガリンダの泣いている顔が見えました。

「ヒロ！　ヒロ！　ガリンダよ。見える？」

「Yes……」

「なんかしゃべって」

「I'm sorry……」

「謝らないで……」

「ヒロ！　謝るなよ。去年、謝るなって言ったのはヒロだろ……」

もう片方の手を握る先にはラルフの顔が見えました。

「I hate me……」

「そんなこと言うなよ……みんな、ヒロのことが好きだよ……」

「…………………………」

「だいじょうぶだよ、きっと薬が効いてくる……」

体は、まるで冷凍肉の塊、動かすことができません。すべての感覚が他人の体を借りているようで、できるのなら自分の体を脱いでしまいたかった。ラルフの声が遠くから聞こえ、視野は霧がかかったようで、見えているのか、それとも記憶の一部なのか区別がつきません。視野に映るのは意味のない写真のようで、それを漠然と眺めているような感覚です。ラルフに「たぶん、降りられない」と伝えると、「明日の朝になれば降りられるよ。いっしょに下ろう。だいじょうぶだよ」と笑ってくれました。

起きているのか、眠っているのかもわからない、夢なのか現実なのか区別がつかない時間が続きます。頭のなかは、まるで昔の放送終了後のテレビ画面に出ていたノイズのような、砂嵐が吹き荒れているようだった。あいかわらず意識は遠のいたり、近づいたりで、遠のいていくときは、もうこのままもどらないのかなとも思った……。目を閉じてしまうと、もう二度と目を開けられないような気がして、目を閉じてしまったらかならず起こしてくれる？　とラルフにお願いしました。

BC帰還後の震え

テントの生地を通して見える黄色い光も、明るくなったり暗くなったりをくり返していて、いつ夜になり、朝になったのかわからない。それでもときおり、テントが強風でひしゃげたり、雪が生地をたたく音がしていました。

いつのまにか29日の朝になっていて、ふたりに抱えおこされてお茶を手渡されました。こんどは吐きだすことなく、なんとか胃におさまりました。あいかわらず頭痛はあるものの、意識はしっかりとしていました。自分がゾンビみたい――そう言うとふたりは笑って、「よかった、降りられるよ。行こう」と言ってくれました。

いっしょに下山すれば、ふたりの挑戦もそれで中止です。私のせいで登山が中止になることが申し訳なくて、ひとりで降りられるから、もし可能性があるならふたりで上がってくれと頼みました。

「アンタ！　ナニ言ってるの?!　昨日一度死んだのよ！」

ガリンダにそう怒られました。

「この天気で無酸素では8300mのラストキャンプにだって入れないよ。下ろう。今回、われわれにチャンスはないよ」というラルフのことばに、ただうなずくしかありませんでした。

固まってしまった体を無理やり動かそうとすると、さらに息が荒ぶり、頭が爆発しそうになります。痛み止めを2倍分飲んで、ゆっくり、ゆっくりテントを這いだしました。外の風はけっこう強くて、ときおり雪つぶてに顔を背けるほどです。

明るくなってきたころ、私を真ん中にして、3人でゆっくり下りはじめました。ノースコル★には陽が当たっています。あそこまで行けば、太陽が体を溶かしてくれるはず――。

その日になんとかABCまで下り、翌30日には北壁側の自分たちのBCにもどることができました。標高が下がれば下がるほどに体は回復して、頭痛は消え、呼吸もらくになっていき、記憶からも忘れ去られていくような気がするほどでした。とはいえ体の疲労度はひどくて、わずかな登り返しに目の前が真っ白になります。

ノースコル
コルとは稜線上で低くなっている鞍部のこと。ノースコルはエベレストと衛星峰チャンツェとの鞍部。チベット側ノーマルルートのC4が置かれる場所。ネパール側のノーマルルート上にあるエベレストとローツェの鞍部はサウスコルと呼ばれる。

BCに着いたとき、力も、気力もすべて吐きだすようにため息が出たかと思うと、体の力が抜けてひざをつきました。とたんに、寒くもないのに体がガタガタと震えはじめた……。

あれは、まちがいなく死んでいました。ラルフとガリンダといっしょでなかったら、まちがいなくいま、ここにはいないはずです。

帰国後も続くだるさ

下山後、カトマンズに着いてすぐに病院へ行きました。日本に帰国したあとも脳ドックに入って徹底的に調べてもらいましたが、とくに明らかな異常はありませんでした。複合的な要因が重なって起こった脳血栓だろうということです。脳に血栓ができて倒れて、それが運よく溶けて意識をとりもどしたんだろうと。一過性の脳梗塞のようなものと言ったらわかりやすいかもしれません。すでに血栓は溶けているから、脳を調べても異常は出ない。

倒れるまで、体に異変はまったく感じていませんでした。シシャパンマに登ったときも、エベレストに入ってからも。高度順化はいつもどおりうまくいっていたと思います。調べてみても原因はわかりません。一過性のものなのか、慢性的なものなのか。何が悪かったのか、どうすればよかったのかがわからないから、つぎにこうすればいいという対策も難しい。自分の体とはいえ、どうなっているのかはぜんぜんわからないものです。

日本に帰ってきてからも、体がだるいままでした。とにかくだるくて、朝起きられない。それから、おしっこが白濁している。口内炎もたくさんできる。医学的には、白血球数が異常に低くなっていました。白血球減少症という状態で、免疫力が下がっていた。心当たりはないのに、免疫不全の病気を疑われて検査したほど。だんだんと回復していったものの、半年くらいはだるさが抜けませんでした。

不可解な事故への共感

ときどき、ヒマラヤで登山仲間や知り合いが亡くなることがあります。かなりの経験がある人が突然亡くなってしまう。それも、なぜそこで？　と不可解な場所で事故が起きる。まわりにいた人に聞いたら、「フィックスロープが張ってあるライン上から突然落ちた」と。フィックスロープが切れたのか聞いても、「切れていない」。セットミスかどうかもわからない。

いままで、そういう話が不可解でした。あの人がそんなミスをするとは思えない。技術も体力もじゅうぶんなはず。なのに、なんてことない場所で急に落ちてしまったという話をときどき聞いていた。自分の身にこういうことが起きてみて、ああ、じつはあの人もこれだったんじゃないかと思いました。

今回、私が倒れたのはたまたまだいじょうぶな場所だったけれど、これが登っている途中のロープの切れ目だったり、ガケぎわだったりすると、そのまま滑落して死んでしまっていたかもしれない。そうなれば、まわりの人は「竹内は、なんであんなところで落ちたんだろう」と不思議に思うはずです。もちろん断言はできませんが、知り合いの事故のなかにもそういうケースはあったでしょう。

登山をもうやめようという気持ちには、まったくなりませんでした。むしろ、体が回復するにつれて、それまで続けていた山登りの連鎖のなかにまた自分の身を置きたい思いが強くなっていった。つぎの年も、またラルフやガリンダとヒマラヤで再会します。

Kangchenjunga
2006

見失った帰路

8座目

カンチェンジュンガ
標高8586m

チベット語で「5つの宝庫を持つ偉大な雪山」を意味するカンチェンジュンガは標高こそ世界3位だが、そのスケールの大きさはエベレスト、K2にも劣らない。標高8586mの主峰に加え、南側にそびえる中央峰と南峰、西側の西峰が8000mを越えており、ほかにも7000m超の衛星峰を周囲に多数あわせもつ。ネパールの東側、インド・シッキムとの国境付近にそびえ、ダージリンの街からも間近にその雄大さを望むことができるとあって、ヨーロッパ人にも古くから知られていた。1850年ごろには、この山こそが世界の最高峰だと考えられていたという。

竹内にとっては2003年に登頂に失敗して以来、3年ぶりのカンチェンジュンガ挑戦だった。そしてこの山は、「プロ登山家」竹内洋岳のスタートの山にもなった。

この前年、2005年にエベレストで倒れたあと、竹内は所属先の登山用品店と新たに契約を結びなおしている。それまでは従業員のひとりとして店頭に立ち、接客もおこなっていたが、登山家として、登山に専念できる体制を整えてもらったのだ。

「エベレストからもどったあとも体のだるさが抜けず、不調が続いていました。このまま店に出ても会社に迷惑がかかるから、退職を申し出たんです。すると、やめる必要はないと登山に専念できる契約に変更してくれて。このときからプロの登山家という意識が芽生えてきたと思います」

体調はじょじょに回復し、8000m峰にもどることへの不安もなかった。むしろ、集中して登山に取り組める環境に身を置くことになり、早くヒマラヤへもどりたくてしかたがなかったという。

メンバーはすでに盟友となったラルフ、ガリンダに加え、前回のカンチェンジュンガ以来となるベイカー・グスタフソン、はじめて登山をともにするオーストラリアのアンドリュー・ロックの5人。のちに全員が14サミッターとなるドリームチームだった。

「登山の指向や技術、体力が8000m峰に登ることに特化していた5人でした。一流のクライマーという以上に8000mを登る専門性が高いメンバーが集まっていて、最短で、シンプルに登ることに全員の方向性が一致していた。とてもハイレベルで刺激的な登山になりました」

通常、高所順応するさいは、BCとC1の往復を何度かくり返してからC1での宿泊に入り、少しずつ高度に体を慣らしていく。だがこのときは、1プッシュ目でC1に2泊、いったんBCにもどり、2プッシュ目でC2に2泊という最短日程で高所順応を終わらせた。8000m峰登山を専門とする5人だからこその方法だ。

5月11日、好天の周期をつかみ、サミットプッシュに出る。2001年以来続けてきたように、酸素ボンベを使わない無酸素での挑戦だ。このカンチェンジュンガはルートそのものの難しさもあり、エベレスト、K2以上に無酸素での登頂が難しいと言われることもある。頂上直下にはクライミング技術が必要な難所もあり、想像以上に時間がかかった。それでも、5月14日、竹内らはカンチェンジュンガの山頂に立った。

日没と地吹雪でルートを見失う

山頂に着いたのは夕方です。無酸素だとスピードが落ちるし、ルートじたいも難しくて、時間がかかった。途中、山頂まで届かないいんじゃないかという可能性も頭をよぎりました。でも、たとえ下山中に暗くなっても、体が動きさえすればだいじょうぶだと判断した。途中で日没を迎える前提で突っこみました。

山頂に着いたとき、風が吹きはじめていました。ただ、夕方以降、若干風が強くなるという予報を見ていたので、たいしたことはないと思っていた。頂上からヤルンカン（カンチェンジュンガ西峰）を見ると、ピークから雪煙が上がっている。下のほうはかなり風が出てきているな、早く下らなければ——。

しばらく下っていくと、だんだん風が強くなってきて、猛烈な地吹雪になりました。陽が落ちて暗いうえに目も開けていられないような地吹雪になって、あたりのようすがまったくわからない。登ってきたときのトレースもぜんぶ消えてしまいました。ヘッドライトをつけてもぜんぜん前が見えないし、ルート上に残置されていたロープもぜんぶ埋まってしまった。どっちへ進めばいいのか、まったくわからない……。

明るければ、たとえトレースが消えていても景色を覚えています。あのへんに下っていけばいいというのはわかります。陽が落ちても、注意深く観察すればあるていどは把握できる。けれども、真っ暗で、吹雪で、平衡感覚さえ失われているような状態でした。なんとか目を開けても、ヘッドライトが照らすわずかな部分がボワッと浮かびあがるだけで、どっちに進んでいるかもよくわからない。

確信のないルートを突き進む恐怖

こうなると、足元の歩いていけるところを選んで進んでいくしかない。重力に任せて、下方向に。ひたすら歩けるところを選んで、標高を下げていきます。

5人でまとまって、こっちに下っていけそうだとか、そっちはダメだとか、そんなことを怒鳴りあいながら、ひたすら歩ける場所を探して。

食料も燃料も持っていないし、ツエルト★もありません。すさまじい悪天候のなかでビバークするわけにもいかない。標高を１ｍでも下げて、空気の濃いところへ行くしかない。ルートが正しいかどうかわからないのに、突き進まなければいけないのは、ものすごい恐怖です。その場にとどまればとどまっただけ死に近づいてしまう。たとえるなら、水のなかでおぼれていて、水面に向かっていくしかないのに、向かっているのがほんとうに水面なのかわからないような……。不安。こわい――。でも、止まれない。下りつづけるしかありません。

下っても下っても、標高７８００ｍのファイナルキャンプにたどり着きません。するとラルフが、「キャンプを通り過ぎたんじゃないか」と言いだしました。たしかに、感覚的にはかなりの標高差を下ってきている。もしほんとうにファイナルキャンプを過ぎているとしたら、そうとうまずい状況です。登り返そうにも、どこまで登り返せばいいのかわからない。それ以前に、そもそも下ってきたルートがもうわかりません。完全に違うところを降りてきてしまったとすると、この吹雪のなかビバークして翌日まで生きのびて、明るくなるのを

ツエルト
軽量の非常用簡易テントのこと。テントのように設営することも、かぶって使うこともできる。非常用装備として携行する人もいるが、竹内は軽量化のため使用していない。

待つしかない……。

高度計と偶然の発見のおかげで生きのびる

そのとき、思い出しました。腕時計に高度計の機能がついている、と。高度計でいまの標高がわかる。そして私は、ファイナルキャンプの標高「7800m」を覚えている。高度計を見ると、まだファイナルキャンプよりも少し上にいるようです。ならば、とりあえずファイナルキャンプがある標高7800mまで下ればいい。それでファイナルキャンプが見つからなければ、横移動して探していこう――。

下っていったら突然、ベイカーが叫びました。「あったー！　ロープがあったぞ！」。たまたまベイカーが踏みぬいた雪だまりのなかに、ロープがあった。ほんとうにたまたまです。私たちが張ったロープではなくて、以前だれかが残置したもの。朝通ったルート上にあったものでした。ベイカーの叫び声を聞いて、みんなで必死にそのロープを掘りおこしました。

このときつけていたのと同型の腕時計「PRO TREK」（カシオ）。表示はイメージ

自分たちがどこにいるのか、まったくつかめない状態でしたが、いちおう正しいところを下っていたようです。ロープをたどっていくと、ファイナルキャンプのテントにたどり着いた。登頂したときよりもうれしかった……。テントは雪に埋まってつぶれていました。ロープがなければ、つまり正しいルートだと確信していなければ、見逃していたはず。掘りおこしてすぐに転がりこみました。遭難寸前、というか、ほとんど遭難していた。時間を気にする余裕はなかったから、テントに着いた正確な時間もわからない。夜中近かったと思います。

ファイナルキャンプの標高を覚えていて、高度計でチェックできたこと。ベイカーがたまたま雪だまりを踏みぬいて、クランポンに引っかかったロープが見つかったこと。このふたつがなければ、無事に帰ってこられなかったかもし

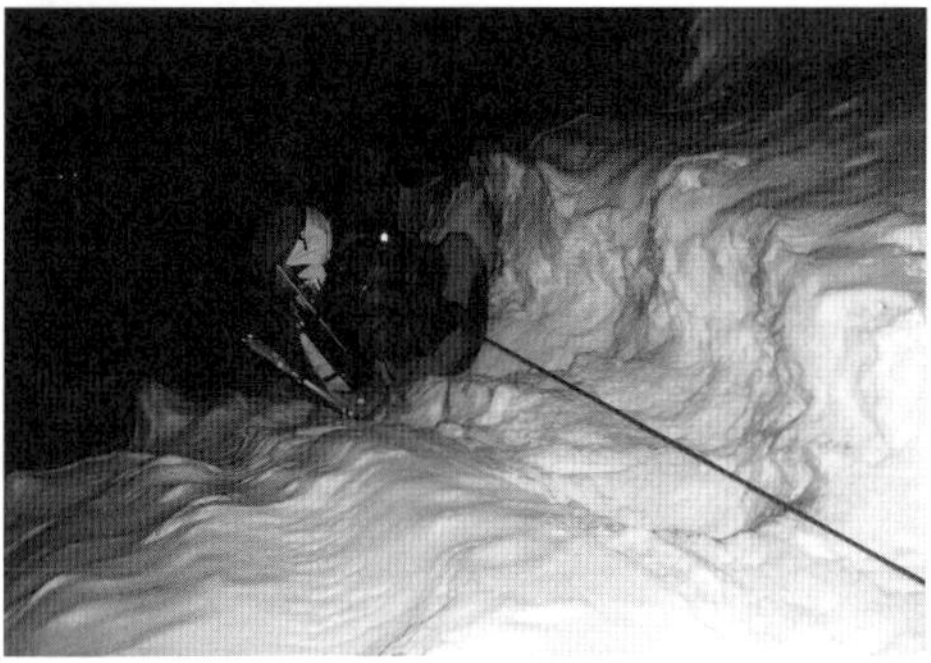
ロープを頼りに暗闇を進む

れません。

テントに着いたら、まずは靴も脱がずに中へ転がりこみます。それから体じゅうの雪を払って集めて、外に捨てます。雪をしっかり捨てないと、火を使ったときにあっというまに溶けて水浸しになってしまう。雪を払って捨てたら、それからガスバーナーに火をつけて水をつくります。長時間の行動で、水もほとんど飲んでいないから、体が脱水状態になっている。まずはひたすら鍋に雪を入れて溶かして、水にして飲む。1リットルくらい飲みました。

翌15日、目が覚めると、風は少し残っていたけれど、空は晴れていた。BCまでいっきに降りました。

風や雪でトレースが消えてしまうことはめずらしくないし、日没で暗くなるのも想定内です。けれども、地吹雪で目も開けられないくらいになって、自分たちの位置さえわからなくなるとは想定していなかった。カンチェンジュンガに無酸素で登れたことは自信にもなりましたが、反省も多い登山でした。

山登りに生きるか、降りるか、迫られた決断

カンチェンジュンガに行くまえに所属先との契約が変わって、登山に専念で

きる環境になったことで、プロとしての意識をもつようになりました。その思いが確固たるものになったのが、このカンチェンジュンガのあとのことです。

カンチェンジュンガのBCに下ったあと、そのままローツェに継続登山する予定で、ヘリをチャーターした。BCにヘリを呼んで、エベレストとローツェのBC★へ向かいました。途中のルクラという町でベイカーとアンドリューは降りて、いらない荷物もそこで降ろして、私とラルフ、ガリンダはそのままヘリでローツェのBCに入りました。

そのとき、自分がプロとして登山をしているんだと強く感じました。8000m峰のベースからベースにヘリで移動している。ローターの爆音を聞きながら、町に降りることもなく山から山へ移動しているヘリの機内で、ひじょうに漠然と、思ったんです。自分は山登りだけに生きている――。なぜかは、はっきりとはわかりません。そんな感覚が沸きあがったとしか言えない。

このとき、ルクラで降りるという選択肢もあったはずです。カンチェンジュンガに登って疲れきっていたし、もともとローツェに行く予定はなかったアンドリューやベイカーといっしょにヘリを降りてカトマンズへ帰るというのもおかしな選択ではない。

エベレストとローツェのBC
エベレストとローツェのネパール側ノーマルルートはBCからサウスコルに置かれるC4まで共通のルートを通る。サウスコルから北へ向かえばエベレスト、南へ向かえばローツェにいたる。

このルクラでヘリがふたたび離陸するというときに、すごく突きつけられている気がしました。ここで降りるのか、行くのか決めろ。ヘリに乗るのか乗らないのか。ここでヘリに乗っていくなら、もうずっと山登りに生きていく、ヘリを降りるなら山登りからも降りる——。もちろん、だれもそんなことは言っていないけれど、決断を迫られていると感じました。

これまでも8000m峰の継続登山はやっていました。でも、途中で町に降りているし、山登りだけをやっている感覚ではなかった。あいまいだったんだと思います。一方このときは、カンチェンジュンガとローツェに登るためだけに、それ以外の要素が介在しないままに山登りを続けている感覚がありました。

ヘリに乗り、ローツェへ継続

乗るか降りるかを突きつけられ、私は乗るという選択をしました。ある意味、覚悟を決めた。ルクラからヘリがランディングしたときには、ヘリに乗ったという以上に、この道に乗ったという意識が強かった。ああ、これで自分は山に生きていくんだな。もうこの道からは逃げない、と。

5月18日にローツェのBCに着いたあと、いったん標高3860mのタンボチェという村まで降りて、そこからワンプッシュ★でローツェ山頂をめざしました。タンボチェまで下ったのは、BCにステイするよりもそのほうが空気が濃くて回復できるから。タンボチェを出て途中の村で1泊、BCで1泊、C2、C3で1泊ずつして、C4はつくらずに標高7300mのC3からサミットプッシュ★です。サミットプッシュは5月26日。カンチェンジュンガに登頂してから10日ちょっとしかたっていません。

カンチェンジュンガで疲れはてているうえに、C3から標高差1000m以上のサミットプッシュ。山頂には届きませんでした。標高差であと60m、山頂が見えているところまで行きましたが、撤退した。それこそ立ちながら寝ているような状態で、時間もかなり押していて、これ以上突っこむと、カンチェンジュンガと同じ状況になる可能性もありました。

ファイナルキャンプだったC3にもどったときはもう真っ暗で、テントも立てられないほど疲れていました。ローツェのC3はエベレストと共通なので、大勢の人が通ります。そんな場所でテントを立てたままにしておくと、かってに使われることがめずらしくない。だから、サミットプッシュに出るときにテントはたたんでしまっていました。それを立てなおす元気がなくて、寝袋だけ

ワンプッシュ
最初のトライで山頂まで到達すること。

サミットプッシュ
山頂をめざすためのトライ。みずからを頂上まで「押しあげる」という意味でこのことばが使われる。日本では伝統的に「アタック（頂上攻撃）」ということばが使われてきたが、現在はあまり使われない。

引っぱりだして倒れるように眠ってしまった。水もつくれずに、テルモスに残っていたのをコップ1杯くらい飲んだだけ。脱水、高山病がこわかった★けれど、眠気に勝てず、そのまま意識を失ってしまいました。

遠くの空で、ひと晩じゅう稲妻が光っていました。雷が落ちるたびに、光のなかでエベレストが陰になってパッと浮かびあがる。幻想的とか、情緒的といったものではなく、けたたましい、荒々しい景色だった。

くやしいとか、残念だとか、ふり返る余裕もなく終わったローツェ登山でした。

高山病がこわかった 水分が不足すると、血液が濃くなり、体内で酸素が運搬されにくくなる。水分補給は高所順応や呼吸と並ぶ高山病予防の重要な要素。

14座登頂を3人の目標に

8000m峰14座登頂を明確な目標として掲げるようになったのは、このローツェのあとです。

ローツェからカトマンズにもどってきたとき、ガリンダが言ったんです。

「私たちって、つぎに登る山を見つけるためにいまの山登りをしているみたい」と。そのころの私たちは、ひとつ山を登るとすぐ、つぎはどの山に登ろうかと話していました。そのようすが、つぎの山を探すために登山しているみたいだった。

それでラルフが、「じゃあ、つぎの山登りのさきにある3人の目標を14座にしよう」、そういう提案をしました。ラルフはドイツ初、ガリンダは女性初、私は日本初の14サミッターになろう、それを目標にしよう。一人ひとりの目標ではなくて、3人の約束として――。こんな山登りをしていると、いつだれが死んでしまってもおかしくない。でも、だれも死なずに登りつづけたい。そのために全員で14座という目標を掲げました。

出会ったときは、みんな8000m峰3座か4座だったけれど、このころにはラルフが10座、ガリンダが9座になっていた。ふたりとも、まわりから14座のことを言われる機会も多かったようです。3人そろって登っていない山はかなり少なくなっていたから、このままいくといっしょに登る機会は減るかもしれない。それでも、「14座」という山にいっしょに登っていこう。なんだか、それがすごく心に響きました。

そもそも14座というのは、人間がかってにメートル法で8000という数字にボーダーを置いただけで、たいした意味はありません。でも、どれも山としてすごく魅力があるし、その14座に登ることを3人の目標にしようというラルフのことばには胸を打たれました。

そして、私も14座を目標として、「プロ登山家」を宣言しました。当時、14座はすでに世界で10人以上の登山家が成功★していて、記録としての意味は薄れつつあった。それでも、スポンサーさんや応援してくれる方々が、14座という目標に向かっていっしょに盛りあがってくれた。そのおかげで、意味のあることばに育っていきました。

世界の14サミッター
1986年にイタリアのラインホルト・メスナーがはじめて14座完登を達成。しかもメスナーはすべて無酸素での達成だった。ラルフは2009年(世界16番目、ドイツ初)、ガリンダは2011年(世界24番目、女性2番目)、竹内は2012年(世界29番目、日本初)に達成。ガリンダは14座すべてに無酸素で登頂(女性世界初)している。2019年までに達成者は43人、ほか数人が一部の山で登頂の証拠がじゅうぶんでないとして論争になっている。

強くて繊細なlovely person

ラルフ・ドゥイモビッツ

1961年、ドイツ生まれ。世界でもっとも有名な高所登山家のひとり。1990年のダウラギリから2009年のローツェまで足かけ20年で8000m峰14座登頂を達成。7大陸最高峰にも登頂している。遠征登山をオーガナイズするアミカル・アルパイン社の創業者。

ラルフと竹内は2001年のナンガパルバット以来、8000m峰7座の登頂をともにしている。ラルフへの取材はオンラインのビデオ通話で2時間以上におよんだ。「つぎにヒロと話すのが楽しみ」。ラルフはそう言って笑う。

ヒロ（竹内）をひと言で表すと、「lovely person」。ナンガパルバットでのヒロは英語があまり上手ではなくて、おとなしい印象でした。でも、じつはびっくりするほどフレンドリーで、みんなすぐに彼を好きになった。登山家はハードワーキングなファイターだとみられることが多いですが、ヒロは強さのなかにも人を思いやる繊細さがあります。もちろん、登山家としても高い実力をもっていました。

2003年に挑んだカンチェンジュンガ北面は難しいルートです。強いメンバーで6人程度のチームをつくろうと考えたとき、すぐヒロが思い浮かびました。メンタルもフィジカルも強く、チームにフィットすると思った。それは正解でした。隔絶した場所で7週間いっしょにいたけれど、気らくに過ごすことができた。登頂にはいたらなかったものの、チャレンジングですばらしい日々を送ることができました。

これ以降も私たちは何度も登山をともにしています。私は8000m峰の壁にダイレクトなラインを見つけて登ることが好きで、ヒロも同じだったと思います。2005年のシシャパンマ南西壁はとてもいい登山でしたね。

一方で、シシャパンマのあとに向かったエベレストは反省の大きい登山になりました。ヒロが倒れたことについて、私とガリンダは何が悪かったのか何度も議論しました。

登山中は、調子がいい日とそうではない日があります。このときはガリンダの調子がとてもよかった。ガリンダにキャッチアップしようと、ヒロは少し無理をしていたのかもしれません。

倒れるまえ、ヒロは何かしらの変調を感じていたと思うんです。よく経験するような小さなことかもしれませんが、予兆はあったはず。ところが忍耐強いヒロは、口に出しませんでした。もっと自分の体調に正直になるべきだった。不調をメンバーに伝えるのは、高所登山ではとても大切なことです。それをヒロとシェアできていなかったのは大きなミスです。エベレスト以降、ヒロは不調があればかならず話すと約束してくれましたし、私たちの関係はさらに深まりました。

最後にいっしょに登ったのは2009年のローツェです。ガッシャーブルムの事故を経ても、ヒロはやはりとても強い登山家でした。ローツェに無酸素で登る強さをもってカムバックできたのは、確固たる意志があったから。なにより、14座という目標にフォーカスしつづける意欲があったからです。大きな刺激になりました。

ヒロは、私の人生のなかでもっとも充実していたときを過ごした大切な仲間です。ヒロとのつながりは一生続くと思っています。

Manaslu
2007

灼熱のラッセル地獄

9座目

マナスル
標高8163m

マナスル。サンスクリット語で「精霊の山」を意味するこの山は日本人にとって、エベレスト、K2のつぎに聞きおぼえのある8000m峰かもしれない。マナスルを一躍有名にしたのは、1956年の日本山岳会隊による初登頂だ。52年に踏査隊を送って以来、5年越しの挑戦だった。当時は8000m峰の初登頂を世界各国が競いあっていた時代。50年にアンナプルナが登られて以降、この56年までにじつに10座が登頂されている。そんな競争下での登頂成功に日本中が沸き、空前の登山ブームが訪れた。その年の秋には記念切手も発売されている。

日本人が初登頂した唯一の8000m峰。竹内自身も、とくに登りたい山のひとつだったという。今回、竹内は国際公募隊に参加してマナスルへ向かった。ここ数年は少人数のチームで登山に取り組むことが多かったが、マナスルでは大規模な隊に加わっての登山になった。

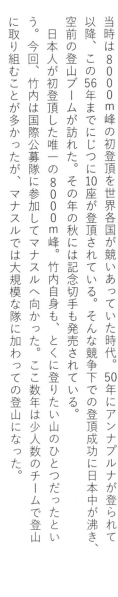

「この2007年はマナスル登頂が大きな目標で、さらにパキスタンに継続することも決まっていました。期間も費用もあるていど読める公募隊に参加するのがもっとも合理的な方法だったんです」

マナスルのノーマルルートは特別にテクニカルではないが、雪崩などの事故も多い。また、ラッセルに苦しむことでも有名だった。BC入り後も連日雪。ときに24時間以上もやむことなく雪が降りつづいた。

このとき、竹内は公募隊のまとめ役だったラルフと相談し、当時としては革新的なアイテムを持ちこんでいる。浮力を高めて雪上を歩きやすくする道具「スノーシュー」だ。いまでこそスノーシューは登山用具のひとつとみなされるが、当時は雪原歩きなどのアウトドアレジャー用で、登山に使うことはタブーに近かった。だが、過去の記録を見ても、地形からも、出番は多いと考えたのだ。

「チーム全員分のスノーシューを持ちこんだら、これが圧倒的な威力を発揮しました。スノーシューがあってもヒザまでのラッセルが続きましたが、もしなければ腰まで埋まっていたと思います」

公募隊はラルフ、竹内をふくめて13人。公募隊とはいえラルフが声をかけて集まったメンバーで、ほとんどはヒマラヤ登山の経験をもつ。ラルフがまとめ役だがガイド登山ではなく、それぞれが自分の登山に責任をもつグループ登山だ。それでも、ルート工作は竹内、ラルフのふたりを中心に進められた。マナスルにも、小さいながらアイスフォールがある。最短・最速で通過できるラインをふたりで探し、C1、C2を順調に設営した。好天の周期を探しながら、チャンスを待つ。

いったん登頂行程に入ったあともC2で天候が急変し、地吹雪と雪崩に追われながらBCに逃げもどった。雷をともなう嵐は頻繁にあり、「土砂降り」の雪も降った。

「落雷とともに気分が悪くなるくらいの豪雪が降るんです。たたきつけるように雪が降って、まるでゲリラ豪雨かのようでした」

2度目の登頂行程に入ったのは5月16日。キャンプを上げ、18日、ファイナルキャンプであるC3に入った。

日本人が初登頂した唯一の山

マナスル★の山頂は切りたったナイフリッジの先にあります。すごくせまくて、過去には頂上から滑落して亡くなった人もいる。そのくらい、せまくて危ない場所。根拠はないけれど、少し手前を「認定ピーク」だとして、そこでひき返す人もいるほどです。

頂上からの景色は圧倒的でした。8000m峰の頂上は、晴れればすばらし

マナスル
ネパール北部に位置する。初登頂時の登山隊を率いた槇有恒（まき・ゆうこう）は日本の近代アルピニズムの開拓者としても知られる。

い景色が見られるところがほとんどですが、なかでもマナスルからの景色はすごかった。これまでに見た景色でいちばんかもしれないくらい。近くに大きな山がないから、遠くまでいろんな山を見渡せる。アンナプルナやダウラギリ、マチャプチャレ★が見えて、もしかしたらずっと先、ベンガル湾まで見えていたかもしれません。そのくらいの大展望でした。

登頂写真は、1956年に初登頂した今西壽雄《としお》★さんの姿をまねて撮りました。頂上に立って右手を挙げて、下

山頂へ続くナイフリッジ（上）と登頂写真

マチャプチャレ
ネパール中部、アンナプルナ山系の山。標高は6993mと、特別に高いわけではないが、特徴的な山容でよく目立つ。とくに神聖な山としてネパール政府が登山を禁止しており、歴史上登頂されたことがない未踏峰となっている。

今西壽雄
1914年、奈良県生まれ。京都帝国大学を卒業した秀才。1956年の

からのアングルで。ラルフに撮ってもらったんです。やはり、感慨はありました。私が生まれるまえの出来事とはいえ、日本人が初登頂した８０００ｍ峰はここだけですから。

帰ってこれるかどうかは自分の責任

登頂したのは5月19日。夜中の２時にファイナルキャンプのＣ３を出て10時過ぎに登頂し、その日はＣ３まで下りました。登頂後、メンバーはみんな自分のペースでバラバラに帰ってきます。けれど、メンバーのひとり、スイス人のアンジェロがもどってこなかった。暗くなりかけても帰ってこない。何かあったに違いない、さすがにまずい――。私は「探しにいく」と言いました。そうしたら、ほかのメンバーに「必要ない」と止められた。「彼は彼のリスクにおいて登っていて、帰ってこないなら彼の責任だから、おまえが行ってリスクを負う必要はない」と。

冷たいとか、仲間のことを思っていないというわけではありません。ひとりのために別のだれかがさらにリスクを負うのはよくない。そう考えるんです。その考え方もわかる。とくに、ここは危険と隣りあわせの８０００ｍ峰。そし

マナスル初登頂後はネパールとの国際親善に尽力した。１９８５年～89年に日本山岳会会長。１９９５年、81歳で没。

て、公募隊といってもガイド登山ではない。みんなそれぞれひとりの登山家で、ラルフはまとめ役ではあってもガイドではありません。登るも登らないも、帰ってこれるかどうかも、完全に自己責任。そういう意味では、日本でイメージされる公募隊とは少しようすが違うかもしれない。

とはいえ、やはり心配で、技術的に難しい箇所があるわけでもないので、探しにいくことにしました。別のメンバーがひとり、いっしょに来てくれた。クレバスもあり、暗くなっているから、ひとりでは危ない。シェルパは「疲れているからイヤだ」ということで。

小一時間ほど登り返して、上を見にいきました。ところが、いっこうに姿が見えません。影もかたちもない。大きな斜面だから、歩いてくれれば点のようにでも見えるはず。それが、まったくわからない。さらに進むと、大きなデブリ（雪崩によって堆積した雪）が見えました。その先に何か黒い点があるような気がした。もう薄暗くてよく見えない。けれど、たしかに何かがある。かなり遠くて、しかも雪崩の跡なので、とてもそこには行けません。アンジェロじゃないことを願って、とにかく今日は遅いから帰ろうとテントにもどりました。

結局、アンジェロは20日の朝になっても現れなかった。ダメだった……。みんなそうあきらめて撤収準備をしていたときです。なんと、もどってきました。それも、下から上がってきた。上からではなくて、下から。雪崩に流されてはるか下まで落ちてしまって、登りきれないから雪洞を掘ってひと晩過ごしたということでした。昨日見たデフリの先の黒い点が、ほんとうにアンジェロだったのかもしれません。

ラッセル地獄、雪崩、雨

朝まだ早いうちにファイナルキャンプを出発しました。

毎日雪が降っていて、それも土砂降りのような雪なので、登ってきたときのトレースは完全に消えてしまっている。登りでずーっとラッセルしてきたはずなのに、下りもずーっとラッセルです。この1週間ほどまえ、5月12日ごろに一度プッシュに出て失敗しています。悪天候でC2に閉じこめられて、なんとかBCにもどってきた。そのときも雪は多かったけれど、その倍くらい時間がかかりました。キャンプの荷物を回収して重たくなったのもあるでしょうが、それにしても、しんどかった……。

嵐がおさまったと思ったら、日射が強くなって気温が上がってきました。雪崩が頻発して、大きなアイスブロックの崩壊も目の前で起こった。登ってきたときのルートが刻々と変わっていく。あっけにとられるばかりです。

今回のルートでは、谷のなかを登りつめていました。雪の量が少ない年は少しルートが変わるようですが、このときは谷が完全に雪で埋まっていて、そこを登るしかなかった。雪で埋まった谷のなかを行くから、谷ごと崩れて雪崩が起きたら、ルートがぜんぶ埋まってしまう。そんな雪崩の跡をラッセルしながら下っていきます。

全員スノーシューを装着し、ひたすら雪上を下る

ラッセル地獄に雪崩の恐怖、そして強い日射による灼熱。しばらくすると、おもしろいことに、こんどは雨が降りはじめた。標高5000m以上で、こんなに雨が降るなんて、経験したことがない。ほんとうに不思議な天気です。雨が降ると、さらに雪崩が起きるかもしれない。

BCまでひたすらラッセルなので、もう下

っているんだか登っているんだかわからない。下山というより、BCに向けて登っているような……。ひたすら進んでいって、夕方、ようやくBCにたどり着いた。まさに「登頂」したような気分で。

白黒の世界から色のある世界へ

私はこのあと、2014年にもマナスルに来ています。そのときは、雪が少なくて比較的テクニカルなルート選びが必要でした。アイスフォールもこのときよりずっと大きかった。このときはひたすら雪のなかを登っていたのが、14年は氷のあいだを縫うようにルートを展開していく。同じ山でも、年によってまったく表情が違うんです。

今回も、オーストリアの登山家で気象予報士のチャーリーに天気予報をお願いしていました★。それがまさにドンピシャで当たってくれたおかげで、登頂のチャンスを生かすことができました。ただ、1日ズレていたら難しかったでしょう。そのくらいギリギリの登頂でした。

BCでの最後の夜は、みんなでシャンパンを抜いて登頂を祝いました。私はお酒はほとんど飲めないけれど、シャンパンだけは唯一自分から飲むお酒です。

天気予報をお願い
ヒマラヤ登山では登頂の可能性を高めるため、高所登山を専門とする気象予報士に予報を依頼するケースが多い。チャーリーは山岳ガイド資格ももつ気象学者。

そのあと、ほんとうはサマという町からヘリコプターでカトマンズに帰る予定でしたが、キャンセルして、5日間かけて歩いて帰りました。

山のなかではずっと天気が悪くて、季節のことなんてすっかり忘れていた。それが、BCから下ってきたら、木々が芽吹いて、草が生え、いろんな花が咲いていていて、みずみずしさに満ちていました。若葉から新鮮な酸素がたくさん出ているのが目に見えるようだった。

あんなに疲れていて、苦しかったのに、山のなかを歩いていくことが喜びでした。疲れたから早く帰ろう、とは思わなかった。山のなかをトレッキングして帰ることで、きびしいヒマラヤ登山の疲れが癒されていくかのようでした。それまで雪と氷に覆われた薄い空気のなかにいたのが、こんどは濃い空気を浴びながら疲れをとっていく。同じ山ではあるけれど、雪の白と岩の黒しかない世界から、木の緑、水の青、花の赤と、色のある世界へ。超高所ですり減らした生命力がだんだんともどっていく……。

カトマンズに着いてから、荷物をパキスタンに送りました。一時帰国してすぐ、6月にはガッシャーブルムへ向かうために。

Gasherbrum Ⅱ

2007

雪崩に飲みこまれて

敗退

ガッシャーブルムⅡ峰
標高8035m

マナスル登頂に成功した竹内はいったん日本に帰国したあと、すぐさまパキスタンへ飛んだ。向かうのはガッシャーブルムⅡ峰。ガッシャーブルムⅠ峰登頂後に継続登頂をめざし、断念して以来の挑戦だった。2004年、「輝く峰」「美しい山」などと訳されるガッシャーブルムは、中国の新疆ウイグル自治区とパキスタン北方の国境にある氷河を弧状にとりかこむ山だ。Ⅰ峰からⅥ峰まで6つのピークが連なっていて、Ⅰ峰、Ⅱ峰が8000mを超え、ほか4峰も7000m級。なかでもⅡ峰は「ピラミダル」という形容詞がそのまま当てはまる、きれいな四角錐の山容が特徴的である。

今回、竹内はマナスルに続いて、ラルフが経営するアミカル・アルパイン社の国際公募隊に参加した。ただし、ラルフ自身やガリンダは隊には加わっていない。2001年のナンガパルバット以来の、「知っている人がだれもいない」登山になった。

「ナンガパルバットのときもだれも知り合いがいなくて、ホテルのロビーで初対面だったけれど、そこでラルフと出会って、私の登山は劇的に変化しました。今回もどんな人に会えるのか楽しみでした」

波乱ぶくみのスタートだった。パキスタンへ向かう飛行機が30時間以上遅れ、イスラマバードでの集合にまにあわなかった。隊に追いつくべく国内線を手配したが欠航し、事故が多いことで知られるカラコルムハイウェイを20時間以上ノンストップで移動することに。一方で、合流後のアプローチはすばらしいものだったという。

「前回2004年は吹雪のなかラッセルしながらBC入りしましたが、今回は快晴。斜面のコンディションもよさそうで、いい登山ができそうだと感じながらのBC入りでした」

このまま順調に登山が進むかと思われたが、カラコルムの気まぐれな天候はそれを許さない。雪が続き、雪崩も頻発した。ルートは伸びず、メンバーの高所順応も進まない。竹内は5月末にマナスルに登頂しており、もっとも順応が進んでいたとはいえ、それでも1か月以上たち、効果は薄れていた。

「個人差はありますが、順応の持続は私の実感では2〜3週間。その後急速にもとにもどっていく感じがあります。もちろんゼロにはならないけれど、再度順応が必要です」

8人の隊だったが、ひとりがBCのテント内で急死する悲しい出来事があった。今回チームでは、不測の事態が起きた場合も、手続きを終えて本国に引き継いだ時点で登山を継続すると申しあわせていた。その後も登山活動を続け、最終行程前にふたりが離脱したものの5人で頂上をめざすことになる。順応はじゅうぶんとは言えなかったが、登山期間の終わりが迫っていた。わずかな好天の予報に賭けてその日に登頂できるよう、吹雪のなかBCを出発。C1で1泊し、標高6500mのC2に入った。

「高所登山では体調やパートナーの状態、天候などいろいろな歯車がかみあわないと登頂できません。ただ、100%を求めたらチャンスはない。どうベターなタイミングを選びとるかの勝負です」

それが高所登山のおもしろさであり、難しさでもあるという。このときは、登頂するためには悪天候のなかを登っていかなければならないという判断だった。

C2で1日停滞したあとにC3へ向かう途中、あの事故は起きた。

数秒で標高差300mを落ちていく

C2を出たのは5人です。このうちひとりは体調がよくないということですぐにひき返して、登っていたのは4人。私とアミカル・アルパインのガイドであるディルク、ドイツ人のアーネ、オーストリア人のアーンツです。標高65

ガッシャーブルムⅡ峰
パキスタンと中国・新疆ウイグル自治区国境に位置する。ガッシャーブルムⅠ峰と氷河をはさんで

00mのC2を出て、6900mのC3予定地のすぐ近くまで達していました。7月18日の、11時を少し過ぎたころだったと思います。私が先頭を登っていた。比較的斜度のある急斜面で、雪も多少深かったけれど、雪崩の危険はそれほど感じていなかった。危ない場所は避けていたつもりです。

ふと、私のまわりの地面全体が動いたように感じました。音がしたのか、振動だったのか、グッと沈みこんだ気がして、空中に放りだされたようだった。小規模な雪崩だろうと思いました。ヒマラヤでは、小さな雪崩に巻きこまれることはそれほどめずらしくありません。私自身、数メートル落ちて雪に埋まったことは何度かある。これもあんなものだろう、すぐ下に雪の吹きだまりがあったから、そこに落ちるだろうな――そう考えていました。すぐに吹きだまりにドカッと落ちて、埋まってもほかのメンバーが引っぱりだしてくれるだろう、と冷静でした。ケガをしないように落ちなければ、と。

でも、止まりませんでした。あれっと思ったときには、上を向いているのか下を向いているのかもわからない状態になった。そのまま落ちていきました。吹きだまりの下は氷の斜面です。ぜったいに止まらない。ほんの数秒くらいの時間だったはず。そのあいだに、標高差にして300mも転落しました。強い

並びたつ山。インド測量局のカラコルム測量時はこのガッシャーブルムII峰がK4、ガッシャーブルムI峰がK5とされた。

衝撃を何度も受けるたび、「助からない」と思いました。くやしかった。落ちるかもしれない、でも行かなければならない。そんなギリギリのせめぎあいのなかで落ちたかった。危険を見抜けなかった自分に、怒りが沸きあがってきました。

左手が動いた

落ちているあいだ、意識は遠のいたりもどってきたりをくり返していたと思います。そして、どこかで意識を失ったようです。気がつくと、落下は止まっていました。体を動かそうとする。どこも動かない。あたりは真っ暗でした。

雪は、薄くかかっただけならば、意外と光を通します。だから、埋まっても浅ければ、けっこう明るい。なのに真っ暗ということは、数メートル埋まっているかもしれない。転落の衝撃で死ななかった場合、雪崩に埋まっても、雪が空気をふくんでいるから、しばらくは生きています。よく言われるのは、心停止まで8~10分、15分以内に見つけだせれば蘇生させられる可能性があるということ。ただ、そうとう深く埋まっているとすれば、15分で救助されるのは難しい。たぶんダメだろうな……。そう思うと、また腹が立ってきました。

錯乱していたのか、あるいは最後に自分の体の一部を感じようと思ったのか、もう一度体を動かそうともがいてみた。すると、左手が動いたのがわかりました。雪の外に出ているんだ——。こんどは左手を口に持っていこうと雪を掘りました。なんとか息がしたかった。左手は口には届かなかったけれど、そのとき、口のなかの雪が少し溶けて水になっているのがわかった。それを飲みこむと空間ができて、ほんの少し息ができました。けれども、それが精いっぱいで、それ以上掘ることもできず、だんだん全身がしびれて感覚がなくなり、硬直していきました。

意識が遠のいたとき、だれかが私を引っぱりだしてくれました。激痛でした。助けてくれたのは、C2にいた別の登山隊です。雪崩のあと、ほかの登山隊は自分たちの登山を中止して救助に向かってくれました。

あとで聞いたところ、私はうつぶせに埋まっていたようです。だから、手が出ていたのに目の前が真っ暗だった。

「ここにいたらつぎの雪崩が来るかもしれない。とにかく歩け」ということで、肩を借りながら急な斜面を横切りました。全身が痙攣していて歩けないけれど、なんとか。とにかく激痛です。このとき、私の体は、背骨が破裂骨折、肋骨が

5本折れて、肺も片方つぶれていた。日本に帰国したあと、この背骨の折れ方では医学的にはふつう歩けないと言われましたが、このときはなぜか動けたんです。

「いまのうちに家族にメッセージを遺せ」

ルートにもどると、寝袋に入れられて、C2まで引きずりおろされました。C2にいた別の登山隊のなかに、たまたまドイツ人のドクターがいて、診てくれた。

私は錯乱状態で、何か大声で叫んでいたようです。そのときはわからなかったけれど、肺が片方つぶれて呼吸困難を起こしていて、何度も呼吸が止まったと聞きました。1本だけあった酸素ボンベを押しあてたり、体勢を変えたり、なんとか呼吸を維持させてくれた。苦しいからだと思いますが、私は錯乱してボ

酸素吸入などの応急手当を受ける著者

ンベをはずそうとする。それを何人もの人で押さえつけてくれていました。

C2では、各国の登山隊のリーダーたちが自国の大使館に衛星電話をかけて、救助を要請していました。標高6500mのC2では、空気が薄すぎてヘリがホバリングできない。パキスタンの規定でもこの標高にはヘリは飛ばないことになっています。にもかかわらず、各国の大使館からパキスタン政府に要請があり、ムシャラフ大統領（当時）がやってくれと指示したということで、軍のヘリコプターが向かってくれた。ただ、やはりバランスがとれず、搬送は無理でした。

ここで夜を越さなければ助からない。けれど、キャンプにあった酸素は1本だけで、それも使いかけだったので、ひと晩吸いつづけることはできません。モルヒネを打って少し意識がはっきりしたときに、ドクターが私に言いました。「残念だけど、おそらく明日までもたない。きみはもうダメだ。いまのうちに家族にメッセージを遺せ」。そう言われたことは鮮明に覚えているけれど、なんと答えたのかは覚えていません。

その夜、真っ暗ななか、ドクターとは別のドイツ人がC1に降りて、新しい酸素ボンベをピックアップし、背負いあげてくれたそうです。おかげで酸素をひと晩じゅう吸いつづけることができた。あの酸素がなければ、私は助からなかったはずです。

この雪崩では、いっしょに登っていたメンバー4人、全員が巻きこまれました。ディルクはかろうじて首から上が出ていたようで、全身打撲だったけれども無事。ドイツ人のアーネは私のすぐ近くで掘りだされて、そのときはまだ生きていたけれど、C2で死んでしまった。私が吸った酸素は、最初アーネに使われていたものです。アーネが助からなくて、私に回ってきた。アーンツは見つかっていません。私が落ちたのは300mですが、雪崩じたいは1000mほど流れています。もしかしたら、もっと下まで落ちてしまったのかもしれません。

あらゆる人たちの助けで命をつなぐ

翌19日、スイスの登山隊のガイドが私をC1まで降ろす決断をしました。かれらはレスキューが専門のガイドだったそうです。C2とC1のあいだには氷壁があって越えられない。だれもがそう思った。けれど、かれらは私を寝袋に入れた状態でロープにつないで懸垂下降して、そりにくくりつけて降ろしてくれました。凍った雪の斜面に背中を突きあげられるたび、猛烈な痛みに叫び声をあげました。

C1には、ベースキャンプにいた片山右京★さんのチームのシェルパふたりが、医薬品や酸素ボンベをどんどん揚げてくれていました。ふつう、クライアントの指示があったとしても、そこまではしてくれません。かれらはたまたま、私と昔から知り合いのシェルパだった。ひとりはマカルーでいっしょに登山したシェルパで、もうひとりとも何度も会ったことがあった。だから、なんとかしたいと運んでくれていたんです。

C1は標高5900m。ここまで下がってこれれば、なんとかヘリは飛びます。ひと晩待ちましたが、翌日にヘリが来てくれて、スカルドという町の病院に収容されました。事故にあったのが7月18日、スカルドの病院に着いたのが20日です。

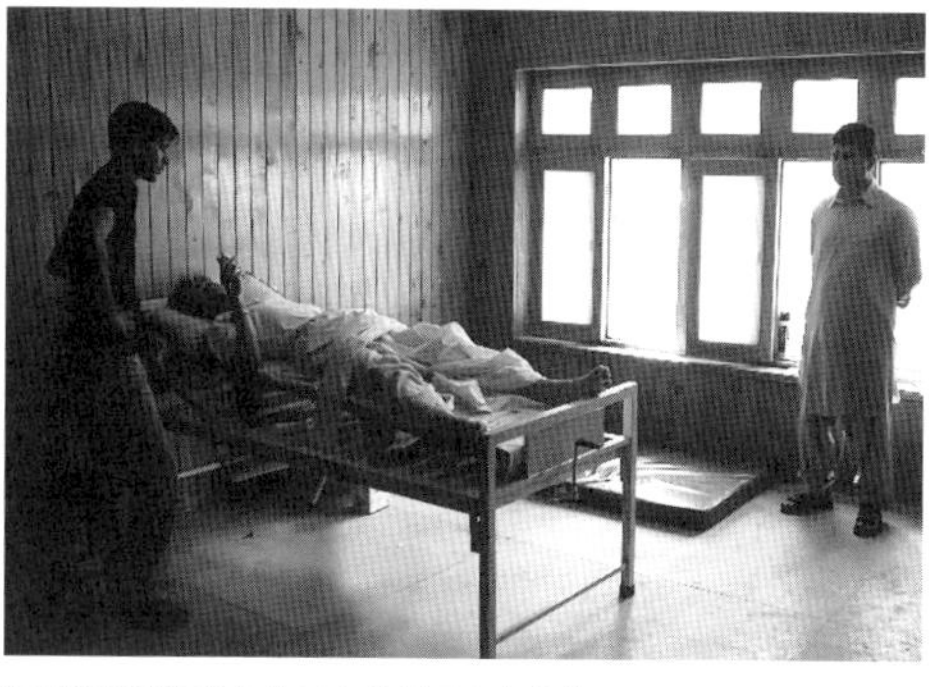

帰国前に収容されたスカルドでのようす

片山右京
1963年、東京都生まれ。F1ドライバーとして有名だが、登山家としての顔を持ち、アフリカ最高峰のキリマンジャロ、チョ・オユー、マナスルなどに登頂している。このときはガッシャーブルム登頂を断念。

ここからさきも、25日にイスラマバードの病院に入り、30日に帰国★するまで、ものすごくいろんなことがありました。ほんとうにあらゆる人たちの助けで命をつなぐことができた。奇跡ということばでは片づかないけれど、ふつうは助からないケースです。

背骨が折れたにもかかわらず、マヒもなく復帰できたのも医療チームのおかげですし、現地での入院、帰国にあたっては日本大使館やJICA（国際協力機構）のドクターだった小林誠先生にもお世話になった。日本からは親しくしていた加藤慶信★くんが来てくれました。

パキスタンには、この年の11月に再訪しています。いろいろな整理と保険関係の書類の準備のため、なにより、お世話になった方々にお礼を言うために。

車いすになっても、かならず帰ってくる

これまでにも書いてきたとおり、登山は自分の力で下山することが大原則です。マラソンならばリタイアできるけれど、登山は、登頂を断念したとしても、自分の足で帰ってこなければならない。もちろん、今回の挑戦も例外ではなかった。それができなかったのはプロとして許しがたいという思いがありました。

帰国
当時竹内は肺にチューブが入った状態で、タイ航空には搭乗を拒否されたが、パキスタン航空が受け入れた。エコノミークラスの座席を8席分購入し、ベッドをつくってもらって搭乗している。

加藤慶信
1976年、山梨県生まれ。明治大学山岳部出身。この時点で竹内に次ぐ8000m峰8座に登頂していたが、翌2008年にチベットのクーラカンリ（7538m）登山中、雪崩に巻きこまれて亡くなった。

そんな思いが口をついて出たのでしょう。C2にいるとき、私は錯乱しながら「助けなくていい」と叫んでいたそうです。

イスラマバードの病院に収容されたときにはもう、来年かならずもどってくると決めていました。日本に帰ってきたときも、病院の先生には真っ先に「来年行くから、まにあうように治してほしい」とお願いしました。パキスタンにいる時点で背骨が折れているのはわかっていたので、もしかしたら車いす生活になるかもしれないことは想定していた。一方で、もう死ぬことはないともわかった。だったら、かりに車いすだったとしても、ヘリをチャーターして、はってでもBCまで行ってやろう――。方法はいろいろあります。

助けてもらったとき、かならず帰ってくるとみんなに約束しました。これだけ迷惑をかけて助けてもらって、山に来れなくなるということがあったとしても、自分からやめるわけにはいかないし、やめたいとも思わなかった。感謝の気持ちを伝えるためには、登りつづけることだと思っています。

帰国後、背骨にシャフトを入れる手術をしました。担当してくれた柳下和慶先生や理学療法士さんは、私を登山家だとわかったうえで、復帰するためのリハビリを試してくれた。たとえば、おしっこの管をつないだまま、階段上りもやりました。ところが、2階まで行けないんです。筋肉が落ちていて、わずかな筋肉で体を動かさなければいけないし、肺が片方気胸になっているから息が上がってしまう。さらに折れた肋骨が飛びだしているせいで、息を吸うのも痛くて。息の上がり方は、全力疾走したときとか、高所での息苦しさともぜんぜん違う。息のし方がわからないような感覚――溺れているというか。ほんとうに途方に暮れました。

復帰できそうだと感じられたのは、翌年の1月に八ヶ岳の赤岳に登ったとき。山岳ガイドの花谷泰広★くんにサポートしてもらいました。ものすごく疲れたけれど、これを何度もくり返していけば、また8000mだって登れるようになる、と思った。山に帰ってこられた瞬間でした。

花谷泰広
1976年、兵庫県生まれ。2012年にネパールのキャシャール峰南ピラー初登攀に成功し、翌13年に「登山界のアカデミー賞」といわれるピオレドール賞受賞。現在は山岳ガイドとして活動するかたわら、南アルプス・甲斐駒ヶ岳の七丈小屋を運営する。

Ⅳ ヒマラヤへの復活

2008→2009

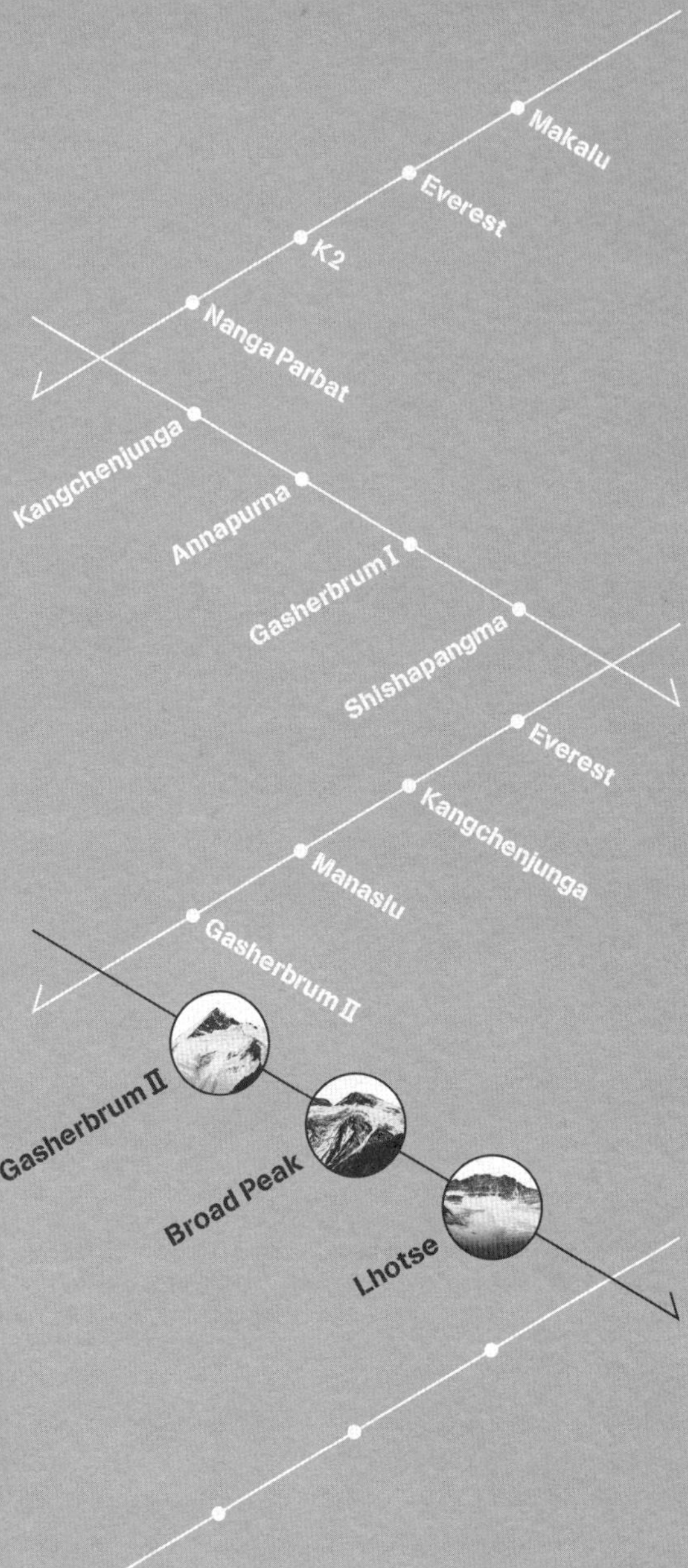

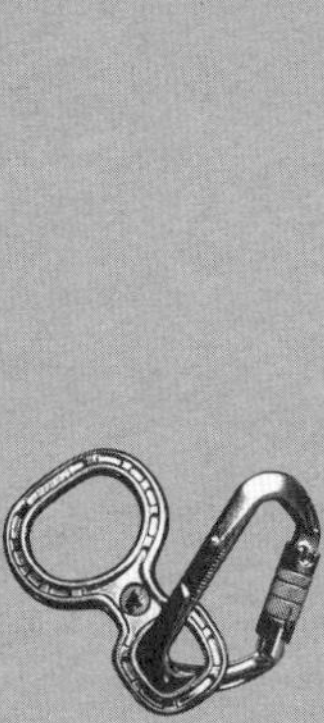

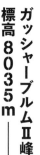

Gasherbrum Ⅱ
2008

つぎの山への登り

10座目
ガッシャーブルムⅡ峰
標高8035m

雪崩事故から1年。竹内はあの山へもどってきた。ガッシャーブルムⅡ峰に登頂し、その後、同じカラコルムの8000m峰、ブロードピークへ継続する——。そんな目標を掲げての出発だった。
「じっさいには手探りで、どこまで行けるかわかりませんでした。まえと同じように高所順応できるかわからないし、体には背骨を固定するシャフトが入っています。まずはベースキャンプまで、それができれば雪崩があったところまで。とにかく行けるところまでというつもりで出発しました」
メンバーは2003年、06年のカンチェンジュンガでいっしょだったベイカー・グスタフソンと、日本の平出和也。ベイカーはこの時点で8000m峰11座に登頂していた。残るはガッシャーブルムⅠ峰・Ⅱ峰とブロードピーク。あわよくば一度に3座を、という野心的な計画をもってのパキスタン入りだった。

BC到着は6月19日。BCには去年の痕跡もわずかに残っていた。事故直後、たとえ車いす生活になってももどってこようと決めていた場所まで、竹内はもどってきた。まずはここまで帰ってこられたことがうれしかったという。パキスタン入りの直前、ブログにこう書いている。

「体に全神経を張り巡らせて、日々、決断しながらG2（編注：ガッシャーブルムⅡ峰）に登山ができればいいと思っています。（中略）登りたいな……どうなるかな……　さあ！　悩んだり、迷ったり、苦しんだりするのは、山でしょう！　今は、とにかく行ってしまえ!!」

2004年、そして去年に続いて3度目のガッシャーブルム。斜面のコンディションや積雪状況はこれまでのベストだった。高所順応しながらルートを伸ばし、BC入りから2週間あまりで登頂のためのファイナルステージを迎えることとなった。このとき、竹内ははじめて猪熊隆之から気象予報の提供を受けている。中央大学山岳部出身で竹内と同学年。学生時代から親交があり、予報を引き受けた。ヒマラヤ登山の経験も豊富な猪熊の予報はほぼピタリと当たり、竹内をして「ほんとうにいっしょに登山しているかのよう」と言わしめた。順調に高度を上げ、事故に遭った地点を超えた。竹内はその場所から、日本の留守本部へ衛星電話をかけている。

「ここに来るまでは、早くここに来たいという思いがほんとうに強かったんですけれども、いざここに立ってみるとなんだかとてもいろいろな思いがわき上がってきて、もう1歩、もう2歩、たどり着くのを遅くしてしまいたいような、逃げてしまいたいような、そんな気持ちがすることもありました。ただいま、その場所に立って、あのときの事故のことや、あのとき多くの人が私を助けてくれたことを思い出すと、やはり私はここから1歩を踏みだして頂上に向かわなければいけないと思います。

いま、まさにここから頂上に向けて新たな1歩を踏みだしたいと思います。

ここまで来れたこと、そして今日、ここから1歩を踏みだせたことは、私を助けてくれたほんとうに多くの人たち、そして残念ながら去年亡くなってしまったメンバーもふくめて私をここから押しあげてくれるんじゃないかと思います。これから、ラストキャンプに入ります。うまくいけば明日、頂上に立てるのではないかと思います。まず、ここまで来れたことに感謝したいと思います」

感謝を伝える登頂

7月7日に、事故に遭った地点を越えてC3に入り、翌8日登頂しました。サミットデイは夜中の0時30分に出発して、登頂したのが13時19分。新雪があってラッセルしたので、少し時間がかかった。それでも、例年よりは雪も少なくて、悪くないコンディションでした。天気も穏やかで。ナイフリッジの先にある山頂は細くてせまい場所です。みんな、こんなリッジを越えていたのか。ことばで言うのは難しいけれど、なんだか不思議な感覚でした。たんにうれしいというのともまた少し違うような……。

　このガッシャーブルムⅡ峰が8000m峰登頂の10座目です。日本人トップの記録でした。9座に登って「日本最強の登山家」といわれた山田昇★さんが1989年に亡くなって、同じく9座だった名塚秀二★さんも10座目に挑戦しているときに遭難してしまった。だからこれまで、日本では「10座の壁」といわれてきました。

　ただ私としては、10座目とか、日本人トップなどとはまったく考えていなかった。私の山登りは、事故でいったんゼロにリセットされています。ほぼ赤ちゃんのような状態からのスタート。過去の9座は意識の外にあって、これが最初の1座のような……。10座目とか、

山頂にて、パートナーのベイカーと

山田昇
1950年、群馬県生まれ。1978年にダウラギリに登頂して以降、8000m峰9座に計12回登頂。難ルートや冬季の登頂も多く、「日本最強の登山家」と呼ばれた。9座登頂時は14座完登者がふたり誕生していたが、山田はそのつぎの世界3番手につけていた。1989年2月、北米最高峰のデナリ（マッキンリー／6194m）で遭難死。

名塚秀二
1956年、福岡県生まれ。8000m峰初登頂

８０００ｍということとは関係なしに、多くの人に感謝を伝える頂上でした。

手術後の体の変化

その日は、ファイナルキャンプのＣ３まで下りました。登頂したときは無風でしたが、下山をはじめたころに風が吹きだして、夜にはブリザードになった。Ｃ３に着いたのは18時半。登り13時間、下り５時間の18時間行動でした。

ヒマラヤのサミットデイなら、そのくらいの行動時間はとくにめずらしくありません。でも、ものすごく消耗しました。ラッセルもあったとはいえ、ほんらいならそれほどダメージを受けるような行動ではなかったはずです。背骨を手術してシャフトが入っている状態なので、可動範囲がせまく、歩くのに無理な力がかかっていたのかな。ヒザも傷みました。いままでヒザが痛くなったことはなかったのに。

帰国してから主治医の柳下和慶先生に聞いたら、やはりシャフトが入っていることで体の動きが限定されて、いままでとは違った動きになってしま

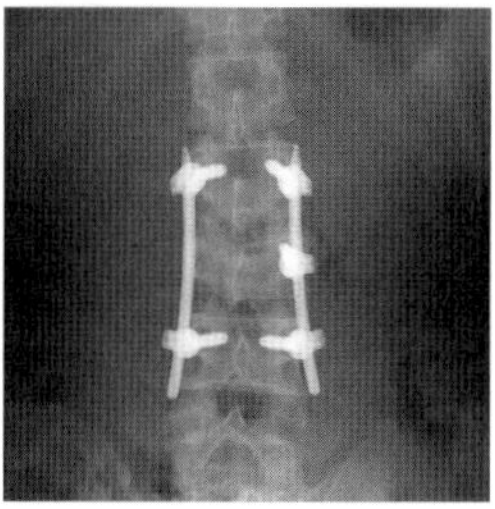

シャフトが入った背骨のレントゲン写真

は１９８５年、「植村直己物語」撮影隊の一員として登ったエベレスト。その後９座に登頂したが、２００４年秋、アンナプルナ挑戦時に雪崩に巻きこまれて死亡。

ったんだろうということでした。じっさい、背骨にシャフトを入れているあいだ、足の裏のそれまでできたことがないところにマメができるようになった。歩いている感覚にはとくに違和感はありません。それでも以前とくらべて、力の入り方とか、向きとか、左右のバランスが微妙に崩れたのでしょう。シャフトを抜いたあとはだいぶ改善したけれど、いまでもたまにマメができる。そんなズレが積み重なって、ヒザの痛みにつながったのかもしれない。それに、呼吸がものすごく苦しかった。

できない動きもありました。テントのなかのせまいスペースに座るのがつらくて、食事も横になってとっていました。

基本に立ちかえる大切さ

当時、背骨にシャフトを入れる手術は、交通事故や高齢で骨がもろくなってしまった人を中心に実施されていて、基本的には生活復帰を目標とした手術でした。術後1年で8000m峰の登山に復帰した人ははじめてだと思います。かなりめずらしいケースだったので、手術とその後のフォローの結果は、何度も学会で発表されたようです。

昔は、シャフトを入れるには背筋を切るか、お腹を開いて内臓を動かす必要があって、ものすごい大手術でした。私は、ネジを入れる穴とシャフトを入れる穴をあけて中で組み立てる、傷が小さくダメージが少ない手術を受けられた。だからこそ、1年で復帰することができました。5年前だったらダメだったかもしれません。

登山が激しい運動ではないことも、復帰できた理由だと思います。登山は一つひとつの動きは大きくなくて、飛んだり跳ねたりすることはありません。頻繁にジャンプしなければならないスポーツだと、難しかったはずです。

歩き方じたいは、事故のまえとあとでとくに変えていません。気をつけていることはいっしょです。

よく意識しているのは、音をさせないように歩くこと。音がするということは、それだけ力が無駄に使われている。足を進行方向に対してまっすぐ置くことも心がけています。外を向けば、そのぶんエネルギーも外に逃げてしまう。これは、ふだんからトレーニングできます。家までの行き帰りでも気軽にできる。いちばんエネルギーをロスしているのは、昔のマンガに出てくるチンピラみたいな歩き方。すごく無駄な動きです。

つぎに、腕をぶんぶん振らないこと。腕って、片方だけで3kgくらいある。腕を振るのは、筋トレしているようなものです。肩で息をするのもよくない。呼吸ごとに6kgを持ちあげていることになって、よけい苦しくなってしまう。すごく体力を消耗するんです。逆にストックを使うのは、重さを和らげるという意味で有効です。

やはり、基本に立ちかえること。単純なことでもしっかりと実践すれば、8000mの頂に帰ってこれることを教えてくれる登山でした。

ふり返らなかった頂上

C3で1泊したあと、9日にBCへ降りました。いろいろな感情がありました。8000m峰に帰ってきたこと、こうして登頂できたこと……。これまでのことも思い出した。でも、頂上はふり返りませんでした。登頂したというよりも、何か大きな課題を解決した。そんな気持ちでした。

ガッシャーブルムⅡ峰を下っているというより、このあとのブロードピークに向かって登りにいくようだった。ガッシャーブルムとブロードピークはすぐ近くで、BCも歩いて1日で行ける距離。去年のようにマナスルからいったん日本に帰ってガッシャーブルムに継続するのとは違って、ほとんど町にも出ずにBCからBCへ移動できる。尾根を越えていくような感覚で、ひと続きの登山です。

ガッシャーブルムに登れたんだから、今回はこれでいいか、というような感覚はありません。たしかにだいぶ消耗したし、復帰直後だし、天候がどうなるかもわからない。行っても登れるとはかぎらない。それでも、行かなくていいという意識はまったくなかった。高度順化もできている。早く、早く、つぎへ行きたい――。

Broad Peak
2008

激痛と落石の恐怖

11座目
ブロードピーク
標高8051m

ガッシャーブルムⅡ峰の登頂に成功した竹内らは7月18日、ブロードピークへの継続登頂をめざしてBCを移動した。たしかに竹内はこれまでも、ワンシーズンで複数の8000m峰に挑んできた。だが、今回は復帰明け。周囲からは1座でじゅうぶんという意見もあったはずだ。

「14座に登頂するには、登って降りてきたらまた登るという山登りの〝連鎖〟が必要です。そこに自分を引きもどすためにも、ガッシャーブルムⅡ峰からブロードピークへの継続は必要な目標でした」

自分の体力がどこまでもどっていて、どれだけ登れるのかもわからない。だが、それも織りこみずみだったという。

「ガッシャーブルムには登頂できましたが、それで自分がどれだけ消耗したのかわからない状態でした。だからこそ自分の消耗ぐあいを知って、いまの自分がどのくらい登れるのか理解するためにもブロードピークに行ってみたかった。限界までやってみて、ダメだったらひき返せばいいんです」

ブロードピークは、ガッシャーブルムやK2と同じカラコルム山群に位置する山だ。もともとはカラコルムの測量番号にあわせ、K2のつぎの山として「K3」と呼ばれてきた。ブロードピークという山名の由来は、その名のとおり広い山頂。山頂部は広大な雪原で、幅は1・5㎞にもおよぶ。現地ではバルーチ語で「ファルチャンカンリ」と呼ばれることが多いが、これも同じ意味である。

ガッシャーブルムのBCからブロードピークのBCへは徒歩で約10時間。まず竹内と平出和也が雨のなかBCを移動し、ベイカー・グスタフソンはガッシャーブルムI峰へ挑んだあと（悪天候で登頂は断念）、数日遅れで合流してきた。当初はベイカーの下山を待って移動する予定だったが下山が遅れ、ポーターの手配もすんでいたために別行動になったという。なお、ベイカーはこの翌年、ガッシャーブルムI峰へ登り、14サミッターとなっている。

このときはすでにガッシャーブルムで高所順応できており、好天の周期さえつかめればすぐに登頂行程に入ることができる。事前の荷揚げやキャンプの設営はおこなわず、必要な装備をすべて持って山頂をめざすアルパインスタイルでの挑戦だ。だが、悪天候が続き、登頂のチャンスが見えてこない。ときおり晴れ間がのぞいて上部が見えても、強風で雪煙が舞っている。ガッシャーブルムに続いて気象サポートを依頼している猪熊隆之の予報でも、「登頂は困難」の文字が並んだ。ベースキャンプでの滞在は10日以上にものぼった。もともとはガッシャーブルムとあわせて50日の予定でパキスタン入りしていたが、その日数はすでに過ぎている。

ようやく登山を開始できたのは7月29日。初日はC1を飛ばして標高6170mのC2に入り、翌30日に標高7000mのC3へ。ここをファイナルキャンプとし、山頂をめざす。

このとき、竹内は痛み止めを飲みながらの登山だった。ガッシャーブルム登山時から服用していたが痛みが強くなり、手放せなくなったという。日本から多く持ちこんでいたものの飲みきってしまい、BCにいたトレッキングチームからも譲ってもらった。サミットデイはとくに過酷な1日になった。

登りも下りも胃液を吐きながら

この山に偽ピークがあるのは最初からわかっていました。ブロードピーク★は、「頂上かな」と思うような偽のピークが5つくらい連なっている。なのに、行ってみると案の定、混乱させられました。頂上と期待して登ってみたらまだ先がある、というくり返しで、くたびれる登山でした。

登頂したのは7月31日の13時ごろ。ベイカーたちは調子がよくて、かれらの

ブロードピーク
パキスタンと中国・新疆ウイグル自治区国境に位置する。初登頂は1957年のオーストリア隊。大量の物資と人を投入する登山が一般的だった時代に、酸素ボンベやハイ

あとを追いかけて、なんとか登れたというのが正直なところだった。頂上から日本に衛星電話をかけて登頂の報告をしました。「コテンパン」だったと。

じつは、頂上で次男が生まれたことを知りました。登山に没頭していて、そろそろだということも忘れてしまっていた。名前だけは出発前に決めていました。山頂からの衛星電話では「ダブルでおめでとう」なんて言われましたが、その喜びを感じる余裕はありませんでした。登頂できたとはいえ、サミットデイは登りも下りも過酷で……。ずっと痛み止めを飲んでいたから胃がやられて、吐きながら歩いていた。胃腸薬もいっしょに飲んでいたけれど、痛み止めのほうが強いから、やっぱり荒れてしまう。食欲もなくて、BCを出てから登頂してもどるまで、ほとんど何も食べていません。吐くのは胃液だけ。数日間の行動なので、蓄えてあるエネルギーで体は動くものの、ボロボロでした。

ポーターを使わず、4人の隊員だけで荷揚げ・ルート工作をして登頂するという画期的な登山だった。

息をするたび激痛が走る胸

嘔吐だけならまだしも、ヒザと胸の痛みがものすごかった。

去年の事故で背骨を折ってしまったけれど、背中が痛いわけではない。ガッシャーブルムⅡ峰のときと同じで、背骨にシャフトが入ったことで体の動きが少し変わって、ヒザにきたようです。日本で調べると、少し水が溜まっていました。痛み止めをひっきりなしに飲んでも痛くて、ちょっと足を引きずるくらい。それをかばっていて、腰まで痛くなった。

なによりもつらかったのが胸の痛み。私の胸は、雪崩で折れた肋骨が変形して、見てわかるほど、ボコッとこぶのようになっています。直すとしたら骨を削るような美容整形の大手術になるし、放っておいても大きな問題があるわけではないので、そのままにしています。さわってみると骨が飛びだしているのがわかる。その飛びだした肋骨が神経を圧迫するせいで、息をするたびに肋間神経のあたりがすごく痛む。息が荒く、深くなればなるほど、胸が大きく広がって神経も圧迫されるから、標高が上がって苦しくなると、激痛に襲われる……。

1歩1歩、足を運ぶ

このときがあまりにもつらかったので、ブ

ロードピークのつぎの年からしばらくは肋間神経をマヒさせてブロックする注射を打つことにしました。1度打つと3か月くらいは痛みが出にくくなります。

肋骨が折れて変形している影響で、肺も少し小さくなっています。肺がふくらむためのスペースが骨で圧迫されているためです。肺活量も少し落ちた。もともと私の肺活量は、年齢と身長などで決まる基準値程度でしたが、それにすら届かなくなりました。

こんな体の状態で、よく登れたものです。ただ、このときは登頂はできるだろうとも思っていました。天気はよかったし、技術的にもそれほど難しい箇所はない。時間もあった。痛みは強かったけれど、牛歩戦術でもなんでも、歩いていれば頂上にはたどり着ける――。そう思いながら動きつづけました。

降りそそぐ落石の下を

登頂日の31日に、ファイナルキャンプのC3まで下りました。帰りついたのは20時半。まだギリギリ太陽が出ている時間です。さえぎるものが少ないので、遅くまで太陽が出ている。ベイカーたちはもっとずいぶん早く着いていた。かれらからだいぶ遅れてのC3帰着でした。ヘロヘロの体で、眠りにつきました。

翌8月1日の朝、いっきにBCをめざしました。標高が下がれば、呼吸がしやすくなり、胸の痛みも多少よくなる。そういう意味では前日よりらくになるはずでした。ところが、この日は2004年のアンナプルナに匹敵するほどの悪い条件での下降となってしまった……。

原因は落石。アンナプルナのときは氷の塊に追いかけられましたが、このときは岩を避けながらの下山です。

これまでの資料を見ても、ブロードピークって、そんなに悪い環境じゃない。でも、このころは急激に雪が解けてきていた。季節的な問題ではなくて、数年単位の環境の変化です。過去の写真では真っ白だった場所も、雪がぜんぶ解けて真っ黒に見える。もともと雪の上にあったC1も、雪が解けてガレ場のキャンプ地

雪が解けて岩がむきだしになったルート

だった。雪に埋まっていた過去のゴミが出てきて、残念ながらすごく汚いC1でした。

BCからC1への道は、氷河をつめてセラック★を越えて岩場にとりつくルートだったはずが、氷河が解けて川になっていました。すごい激流の上に、丸木みたいなものを渡した即席の橋ができていて、そこを渡ります。落ちたら流されて、ぜったいに助からないとわかるほどの激流。こんなふうに雪が解けて、埋まっていた岩が露出することで、落石も多発していました。

巨大な岩が落ちてくるわけではありません。そこそこの大きさ。といっても、両手で抱えるくらいの大きさはあるから、当たると死んでしまう。そんな岩が、ものすごい風切り音とともに降ってきて、岩が砕け散る爆音が響く。走って逃げるというより、上を見て、避けながら、避けながら。距離にしたらごく短い区間。それでも、一度でも直撃したら終わってしまう。精神的にすごく消耗しました。

地球規模の温暖化が原因なのか、局地的な変化なのか。環境の変化をひしひしと感じた下山でした。

セラック
氷河のクレバスに囲まれた氷の塔。氷河帯でクレバスが交差するようにできることで、周囲を断ちきられてセラックとなる。

ふたたび山登りの連鎖のなかに

午後まだ明るい時間に、BCにたどり着きました。とたんに、ものすごく空腹を感じた。登っているあいだは胃がやられていて、ほとんど何も食べられていなかったのに、急に食欲がわいてきました。数日分をとりもどすように、つめこみました。

ちょうどこの日、K2の頂上付近で巨大な氷が崩壊する事故がありました。11人が亡くなった大量遭難事故です。ブロードピークはK2に近いので、K2のBCでレスキュープランを立てていたアメリカチームのリーダーに、われわれもレスキューに参加する準備があることを伝えました。結局、人数は集まっているということで向かいませんでしたが、登山家どうし、何かあれば動く準備はみんながしています。

ガッシャーブルムⅡ峰とブロードピーク。ケガをした翌年に、苦しみながらも、しっかり2座登れました。これでまた、山登りの連鎖のなかにもどっていける——。そう感じていました。

スマートな野心家

2005年のエベレスト以降、主治医として竹内の身体を診つづけてきた。「竹内とはどんな人か」と問うと、竹内とのやりとりを懐かしむような楽しげな表情でしばし考えこんだあと、ゆっくりと口を開いた。

竹内さんとは、エベレストで倒れたあとからのつきあいです。治療の過程でいろいろな検査をしました。竹内さんは見てのとおり、やせ型で筋肉量は多くないし、肺活量も平均的な成人男性と同じか、やや低いくらい。その一方で、特殊な点もありました。

ヘモグロビン値が高いんです。ヘモグロビンは赤血球中のたんぱく質で、酸素を運搬する役割があります。陸上の長距離やバイアスロンのような競技では、ドーピング違反の典型例としてヘモグロビン値を高める薬が登場します。竹内さんは、ふだんからこの値が高い。成人男性の正常値は13・8〜16・9g／dLですが、竹内さんは遠征に出発するまえ、日本で生活しているときからこの値が17を超える。遠征から帰ってきてすぐの、高所順応がまだ残っているタイ

柳下和慶
（やぎした・かずよし）

1966年、神奈川県生まれ。医師、東京医科歯科大学スポーツ医学診療センター長、准教授。スポーツ障害に対する高気圧酸素療法の第一人者で、2005年のエベレスト挑戦に失敗した竹内への同療法を担当したほか、07年の雪崩事故後も主治医として治療に当たった。

ミングだと、20に迫る値でした。ヘモグロビン値が高いということは、低酸素の環境下でも酸素を身体中にいきわたらせる能力が高いと考えられますから、竹内さんが高所に強いというゆえんはここにあると考えています。

また、骨がじょうぶだと思います。これは骨密度を測ったわけではなく、医師としての感覚ですが、すごくしっかりした骨をしています。

ガッシャーブルムでの事故のあと、日本に帰国した竹内さんは、空港から直接、私が勤務する東京医科歯科大学病院へ搬送されてきました。背骨の治療には、経皮的椎体固定術という手術を選択しました。背中に小さな穴をあけてシャフトを入れ、折れた背骨を固定する。背中を切る必要がない手術です。竹内さんは、搬送されてきてすぐに「1年で復帰したい、来年また登りにいきたい」と話していた。そのための選択です。とはいえ、医師の感覚ではかなり難しい目標でした。1年後に登るには1年後に治ればいいのではなくて、準備も考えれば半年くらいで行けるとジャッジできる状態にもっていかなければなりません。骨がくっつくまでに4か月くらいかかる。手術をすればリハビリははじめられるけれど、かなりきびしい。

竹内さんは、術後2日目には起きあがってリハビリをはじめました。術後すぐはたいへん痛くてしんどかったと思います。それでも、「山のことは忘れてゆっくり治そう」と考えるのではなく、すぐに山に意識を向けて、熱心にリハビリに取り組む姿が印象的でした。一方で、1歩引いて自分を客観的に見つめる冷静さももちあわせていた。とてもバランスのいい人なんだと思います。そして、医師と患者という関係性を忘れさせるような気づかいもある人。竹内さんは、冷静と情熱を兼ねそろえた「スマートな野心家」です。

Lhotse
2009

もっともつらい下り

12座目

ローツェ
標高8516m

2009年の竹内が挑戦の舞台に選んだのは、標高世界第4位の高峰、ローツェだった。エベレストの南、わずか3kmの地点にそびえ、山名の由来はチベット語でそのものずばり、「南峰」。ノーマルルートは標高7800mまでをエベレストのネパール側ノーマルルートと共有しており、サウスコルと呼ばれる鞍部から北へ向かうとエベレスト、南へ向かうとローツェにいたる。

パートナーはラルフとガリンダ、そして2003年のカンチェンジュンガ以来となるドイツの登山家、デービッド・ゴードゥラー。このローツェ登山は、ラルフの8000m峰14座目の挑戦でもあった。

竹内にとって、2007年の事故以来、ラルフやガリンダとの初の登山だ。この前年の春、ネパール・カトマンズでもふたりとは顔をあわせている。事故のさいにガッシャーブルムのBCに残していた荷物がカトマンズに届けられており、その整理のための訪問だった。

このローツェ登山のとき、カトマンズでのことを「じつは」と切りだされたという。

「前年カトマンズで会ったときは何も言われなかったけれど、じつはヒロはもうダメかもしれないと思ったというんです。でも、よく帰ってきたねと」

そのころの竹内は身長が180cmありながら、60kgを切るほどにやせていた。ケガの影響が色濃く、力のなさ、弱々しさが見えたのだろう。だが竹内はその数か月後にガッシャーブルムII峰とブロードピークに登り、そして、ラルフやガリンダとともに登山するためローツェにもやってきた。

「またいっしょに登れること以上に、かれらが私の回復を認めてくれたことがうれしかったです」

ローツェには2006年にもラルフ、ガリンダとともに挑んでいる。このときはカンチェンジュンガ登頂後すぐにヘリでBC入りし、ワンプッシュで登頂をねらったものの、頂上直下、標高差にして残り60mほどの地点で敗退した。ラルフとガリンダは昨年もローツェに挑み、ふたたび頂上直下でひき返している。ラルフが13座のサミッターとなったこともあって、3人が共通して登っていない8000m峰はローツェだけ。昨年ふたりの失敗を聞いたとき、竹内はまた3人で登れるチャンスがあると少し喜んでしまったとふり返る。そのチャンスが巡ってきたのだ。

4月1日にカトマンズ入りした竹内らは、5000m、6000m級の山で高所順応を進めながら、4月23日、BCに入った。ローツェの登山ではBCとC1のあいだにあるアイスフォールがもっとも危険とされる。周辺の山で順化を進めることで、このアイスフォール通過の回数を最少限にすることが必要なのだという。今回の竹内らも、標高7260mのC3に2泊しただけで高所順化を完了、BCで天候を探りながら最終行程に入ることとなった。BCでの待機は2週間。この年は積雪も少なめで比較的天候は安定していたが、それでも8500mを超えるローツェに無酸素で登る好天の周期はシーズンをとおして1、2回しかないことが多いのだ。

オーストリアのチャーリー、そして日本の猪熊隆之に提供を受けた天気予報は今回もピタリと当たった。5月20日、快晴のなか、竹内らはローツェ山頂に立った。

安全に帰ってこられるかの計算問題

ファイナルキャンプから先は、雪が少なく岩が出ていて、シビアな岩登りのようなルートでした。ローツェ★は一般的には8000m峰のなかでとくに難しいとされる山ではない。けれども、けっしてかんたんではありませんでした。

無酸素だったことに加えて、技術的にも苦労した。ローツェの山頂はすごくせまくて、奥がすっぱり切れおちています。スノーバー★が突きささっていて、ここが山頂というのはわかる。立つのは難しくて、タッチすることしかできなかった。山頂にいたのは数分くらい。衛星電話も少し下った場所からかけまし

ローツェ
エベレストの南、直線距離で約3kmに位置する。1956年、ローツェに初登頂したスイス隊はその数日後、エベレストへの世界第2登にも成功している（登頂者はローツェとは別の隊員）。標高差3300mにおよぶ南

た。

　前回ローツェに来た2006年は、標高8450mの地点でひき返しています。頂上はもう頭上に見えていました。疲労困憊だったこともありますが、ひき返したのは、純粋に危険だったから。それ以上進むと、安全に下降できなくなると判断して、あきらめた。

　トータルの行動時間やいまの自分の状態、登るスピードを計算すれば、危険性は割りだせます。登山でそのまま進むか、ひき返すかは、あと少しだから行きたいとか、行けるだろうという感情の問題ではなくて、安全に帰ってこられるかどうかの計算問題です。人が相手だと、相手が大ポカをして勝てるかもしれない。しかし、山が相手となると、ルートが突然かんたんになることはない。だからこそ、ダメだという判断は冷静にできますし、しなければならないんです。

座りこんだままの登頂写真

壁は世界屈指の大岩壁として知られる。

スノーバー
雪のなかへ埋めたり打ちこんだりしてアンカー（支点）とするための鉄の棒。

無酸素で8500m超えするということ

コンディションは絶好でした。天気がよくて、イギリスのチームが酸素を吸いながら先行していたから、ルートもできていた。ところが、8400mを過ぎたあたりから、ものすごく体が重くなり、なかなか前に進めなくなってきました。

息がうまくできなくて、何度も意識を失いそうになりました。首が絞められたようだった。ケガの影響もあっただろうし、順化がうまくいっていなかったのかもしれません。去年のブロードピークでは、ケガで飛びだした肋骨が神経を圧迫してあまりにも胸が痛かったので、今回は、出発前に神経ブロック注射を打ってきました。それでも、大きく息をするのがつらかった。

前年に登ったガッシャーブルムⅡ峰とブロードピークはどちらも8000mそこそこで、ローツェはさらに500m高い。この500mの差はとてつもなく大きい。まだ自分の体は8500mを超えるところまで行ける状態にはもどっていないのかもしれない——。そう感じてしまうほど、きつい登りでした。

標高8500m未満の10座では、「無酸素登頂」はさほど特筆すべきことではありません。一方、ローツェをふくめた標高8500m以上の4座の無酸素登頂は、私にとってはとても価値があります。あのケガのあとでローツェに無酸素で登頂できたのは大きなことでした。

右目が見えない

ファイナルキャンプのC4を出たのが、5月20日の朝4時ごろ。13時55分に登頂して、17時過ぎにファイナルキャンプにもどってきました。登頂もファイナルキャンプまでの下山も、みんなバラバラに行動しています。だから、ラルフの14座登頂の瞬間は見ていません。私よりも1時間くらい早く登頂したようです。頂上からもどってくるラルフとすれ違うときに「おめでとう」と声をかけました。

ファイナルキャンプにもどってくるまでの約13時間、ほぼ飲まず食わず★です。平らな場所がなくて休憩できなかった。山頂も、せまいうえに風が強いから、一瞬しかいなかった。じゅうぶんに水分をとらなかったため、脱水症状を起こしかけていました。

それだけでなく、手がものすごく冷たくなって、さらに右目にモヤがかかっていました。ファイナルキャンプに着いてサングラスをはずしたとき、目がお

ほぼ飲まず食わず
サミットプッシュに出るさい、竹内が持つ食べもの・飲みものは、1ℓの温かいスポーツドリンクとジェル状のエネルギー補給飲料程度。休憩に適した場所がない山では、丸1日ほとんど何も口にしないこともある。

かしいことに気がついた。低酸素で無理をした結果です。そもそもが低温のなか、酸素がじゅうぶんにいきわたらないと凍傷になりやすいし、視野にも異常が出る。高所ではときどきあることなのでパニックにはならないけれど、そうとうなダメージを受けている証拠です。

ファイナルキャンプにもどったときはもう夕方でしたが、さらにその下のC3まで下りました。少しでも標高を下げたかった。目に影響が出ていて、このままこの高度にいると見えなくなってしまうかもしれない。それに、高所で寝るのは苦痛です。ぐっすり寝られるわけがないし、苦しいなかでじっとしていなければならない。つらい夜になる。どんなに疲れていても、状況的に下れるなら、100%降りるべきです。

しかし、モヤがひどくて目が見えず、ひとりでは下れません。ファイナルキャンプで1

下降中、立ちどまる著者

時間くらい休んで、それからラルフに補助してもらいながら降りることにしました。ラルフたちはファイナルキャンプで待ってくれていた。

目が見えないうえに、あたりは完全に真っ暗。ただ、ファイナルキャンプより下はエベレストと同じルートなので、フィックスロープも張ってある。ラルフに補助されながら、時折座りこみながら、なんとか下っていきます。

夜の10時過ぎ、C3に着きました。

これまででいちばんつらい下山

体力的には、これまででいちばんつらい下山だったかもしれません。自分で降りたというより、ラルフに降ろしてもらった……。

8000m峰に登ると、当然、毎回消耗する。それにしても、いつもとはくらべものにならないほどの疲労でした。事故のあとで筋肉を一度すべて失ってしまっているので、そうとう疲れが出るのでしょう。8000m峰に登って、人間の体がよくなることはない。完全にケガのまえにもどったと感じたことは、いままで一度もありません。もちろん、加齢の影響もあるでしょうが、それでも、ケガのあとでスピードも筋力もガクっと落ちたのは明らかです。

いちばん変わったのは、荷物が背負えなくなったこと。荷物さえ軽ければ、あるていどのスピードが出せて、持続性もある。ところが荷物が少し増えるだけで、スピードが出せなくなった。重さをものすごく負担に感じるようになりました。ケガをしたあとは、いままでよりもっと、軽量化に気をつかっていいます。

翌21日に、C3からBCまで下りました。この日は、ラルフに補助してもらわずに自分で歩いた。なんとか歩いたけれど、それこそ1歩ごとに休憩が必要な状態です。ふだんは、標高が下がるにつれて元気になっていく。なのに、このときは足が動きませんでした。歩いている時間よりも、立ちどまっている時間のほうが圧倒的に長かった。なんでこんなにも動けないんだろう——。自分に問いかけていました。

「あれが日本の武士道なのか？」

ローツェのC1からBCのあいだにはアイスフォールがあります。このアイスフォール専門のシェルパ★のチームがあって、日々ルートのメンテナンスがされている。それでも、ときおり崩落もあるし、危険な場所。ほんらい急いで通

アイスフォール専門のシェルパ
エベレストをめざして毎

過しなければならないアイスフォールでも、やっぱりスピードを上げられずに、ゆっくり歩いていました。アイスフォールって、氷の塊を登ったり降りたり、小さなアップダウンが続くので、消耗した体にはほんとうにきついルートです。

BCに、ほかの隊のメンバーで私のことを知っている人が何人かいて、下から私を見ていました。なぜあんなにゆっくり歩いているのか、不思議だったそうです。いつもの私とくらべると、信じられないくらい遅かった。BCにもどってきたら、「あれが日本の武士道なのか?」と聞かれました。危険を受け入れながら優雅に歩いているように見えたそうです。じっさいは、動けなかっただけだったけれど。

このとき、C2からはみんなバラバラ

このアイスフォールのなかをゆっくり歩くしかなかった

年多くの登山隊が入山することから、ルート中でもっとも危険とされるアイスフォール上にルートを切りひらき、メンテナンスする専門のシェルパチームがある。シーズンがはじまる3月から、5月下旬に最後のチームが下山を完了するまで、通常6人体制で毎日アイスフォールを巡回してルートのメンテナンスを続ける。日々状況が変わる「生きもの」のようなアイスフォールの変化を見抜き、崩れるまえにルートをかけかえたり補強したりする専門技術はまさに職人技。チームのリーダーは「アイスフォール・ドクター」と呼ばれる。報酬は各登山隊が支払うルート使用料から受け取る。

に降りていて、16時までにBCにたどり着かなかったらレスキュー態勢に入ると決めていました。私は、16時にまにあわなかった。ラルフが双眼鏡で私の姿を見つけて、動いていることを確認してくれたのでレスキューにはなりませんでしたが、そのくらい遅かった……。

BCに帰りついたのは17時。死んだようにぐったりしていたけれど、ホッとしました。BCでは、ラルフの14座登頂のお祝いがはじまっていて、お祭り騒ぎだった。カトマンズでも、ネパール副首相まで出席してのパーティーがありました。ラルフは20年以上にわたってネパールの山岳観光に貢献してきたから、それもあったんでしょう。クライマーも大勢集まって、刺激的なパーティーでした。ラルフはドイツ人初の14座登頂者となり、ドイツでは英雄です。

V
14サミット完全下山

2010→2012

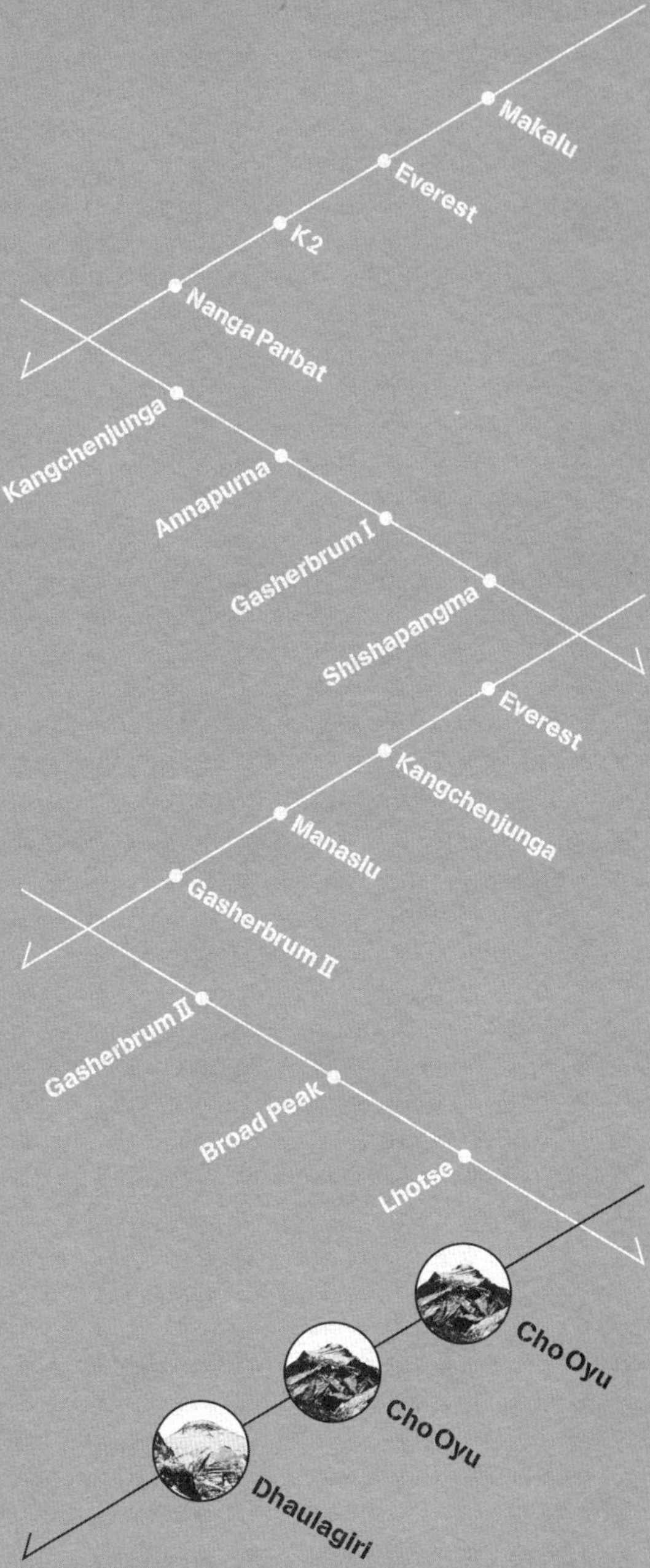

Cho Oyu
2010

新たなパートナーと

敗退

チョ・オユー
標高8201m

ネパールとチベットにまたがるチョ・オユーは、8000m峰登山の登竜門とされている。ノーマルルートはほかの8000m峰のそれとくらべると難所が少なく、公募登山隊も多数訪れる人気の山だ。

竹内はこのチョ・オユーに向け、新たな試みをおこなった。「パートナーの公募」だ。盟友として多くの登山をともにしたラルフはこの前年に14サミッターとなり、ガリンダが残していたのはエベレストとK2の2座。新たなパートナーを探す必要があった。しかし、理由はそれだけではないという。

「ヒマラヤ登山はどうしても限られた人だけのものになっていたけれど、ヨーロッパよりも近いし、もっと身近な場所になっていいと思うんです。チョ・オユーのノーマルルートなら、しっかりトレーニングすれば、だれでも挑戦できる。はてしなく遠く感じるヒマラヤのイメージを壊したかったんです」

登頂だけが目的ならばシェルパを雇い、酸素を吸って登ったほうが確実だ。だが、竹内は結果よりもプロセスを大事にしたいと話す。その思いはこれまでも、複数の８０００ｍ峰の壁へ少人数で挑む継続登山や、マイナールートからの挑戦などに表れてきた。そして、今年挑むのは比較的挑戦しやすいとされるチョ・オユーの１座のみ。ならば、新たな登山のかたちを探ってみたいと思ったのだという。

年齢も経験もいっさい不問。ただし、ガイド登山でもツアー登山でもない。そして自分でヒマラヤ登山にいける人は受け付けない。そんないっぷう変わった募集に、最終的には11人の応募があった。

「挑戦しようとする行為がすごく大事だと思うんです。じっさいに申し込んだ人のほかにも投函はしなかったけれど書類を書いた、興味をもったという人もいたと思います。興味をもった人がいて、少なくても11人が行動を起こしてくれたのは、それだけで意味のあることでした」

パートナーに決まったのは35歳の阿蘇吉洋。そして、留守本部の事務局だった旅行会社に勤める若手クライマー、中島健郎が撮影も兼ねて同行することになった。

「阿蘇さんを選んだのは、８０００ｍという場でどう変化するか、いちばん予測がつかなかったから。中島さんは山でえらくなってやろうという意識がなく、純粋に登りたいんだという気持ちが伝わってきて、いっしょに行きたくなったんです」

8月末にカトマンズで合流した3人は国境を越えてチベットへ入り、10日あまりをかけてBCに到着した。

竹内は高所に強い登山家として知られる。その順応方法も特殊だ。一般的にはBCとC1の往復を何度かくり返してからC1でステイ（宿泊）、その後、C2を何度か往復してからC2ステイ、と少しずつ高度に体を慣らしていく。しかし、竹内は最初のC1入りでそのままステイすることが多い。夜を越すのはつらいが、順応は早く進むという。今回もこの方法を取った。C1に1泊してBCへもどり、ふたたびC1に1泊後、C2に上がってそのまま2泊。C2の標高は7125m。これまで7000mを超えたことがなかった阿蘇、中島にとってはとくにきびしい順応だった。それでも眠れない夜を耐え、9月28日、登頂行程に入った。C1、C2に1泊後、C3を飛ばして登頂をめざす。

リーダーとしての決断

この年はモンスーンが明けるのが遅く、積雪も続いていました。コンディションがいい年なら、秋のチョ・オユー★は大量の登頂者が出ることもある。でも、この2010年は、ほとんどのチームが途中で登山活動を中止して下山してい

チョ・オユー　ネパールと中国・チベット国境に位置する。標高はネパール政府が8201mと発表しているが、

きました。

　ほんらい、Ｃ２のあとはＣ３に１泊して登頂するのが一般的です。しかし、猪熊隆之さんからもらっていた予報では、登頂できる可能性があるのは９月30日の１日のみ。９月29日にＣ２に入る予定だったから、Ｃ３を飛ばして直接頂上をめざすしかない。標高差１０００ｍ以上を１日で登る計算です。

　Ｃ２に入った29日、阿蘇さんに待っていてもらう決断をしました。阿蘇さんは、私や中島さんとくらべてスピードが出ていなかった。さらにこのシーズンは、ルートができていたのはＣ２までで、それより上はほとんどルートができていませんでした。自分たちでルートを拓きながら標高差１０００ｍを登る。そうとうスピードを出せないと安全に帰ってこられない。ルートができていて、Ｃ３に入る時間的余裕があれば、阿蘇さんにもじゅうぶん登頂の可能性はあったでしょう。しかし、ルートがないなかでＣ２から直接頂上をめざす今回のプランでは、阿蘇さんのスピードではまにあいません。

　私の判断で、待っていてくれと言いました。「行きたいか」とは聞いていない。ここまではパートナーとして登ってきたけれど、このときはリーダーとして判断しました。


中国は８１５３ｍだとしている。山名の由来はシェルパ語で「トルコ石の女神」とされてきたが、現在はこの説はほぼ否定されていて、確かな由来はわかっていない。８０００ｍ峰では唯一秋に初登頂された山。

モンスーン
夏は海から大陸側へ、冬は大陸から海側へ吹く季節風。ヒマラヤでは６〜９月ごろにかけてインド洋から湿った空気が入りこみ、強風と大量の降雪となるため登山に向かない。モンスーン前の春（プレモンスーン）とモンスーン後の秋（ポストモンスーン）が登山シーズン。

ネパール時間★で30日の夜中の1時に、中島さんとふたりでサミットプッシュに出ました。私も中島さんも順化はうまくいっていて、スピードも出ていた。いける――。じゅうぶん頂上にたどり着けるペースでした。でも、標高7700mで、ひき返す決断を下すことになります。

無意識の10歩

7700m地点の大きな斜面を歩いていたとき、上を眺めると、大きな雪崩の断面、「破断面」が目に飛びこんできました。斜面が割れて、雪や氷のブロックが落ちていった跡です。私たちがいたのは、まさにその雪崩の通り道。破断面の上には巨大な雪と氷のブロックが引っかかっていた。あれは、また崩れる……。少し衝撃が加われば、一気に巨大な雪崩を起こしかねない。直撃したら、ひとたまりもありません。

雪崩によってできた破断面（ひき返したのとは別の場所）

ネパール時間
このときはチベット側のルートを登っているが、チベットでは北京時間を採用しているため、日の出・日の入りなどで把握する感覚的な時間とじっさいの時刻に大きなズレがある。このとき竹内らは、そのズレを補正するためネパール時間に時計をあわせて登山していた。

そのまま進んでも、じっさいに雪崩が起きるかどうかはわからない。もし起きなければ、何ごともなくそのまま登頂できる。かりに雪崩が起きても、自分たちにはぶつからないかもしれない。それでも、危ないと思った以上、ひき返すべきです。

ここで、私は大きな失敗を犯しました。ひき返したことではありません。このとき、雪崩の破断面に気づいたあとも、10歩くらい進んでしまった。ものすごい破断面を見て、頭で雪崩の危険性を理解しても、それが自分のところに落ちてくることを想像しきれないまま、10歩、歩いてしまいました。

判断と動きにはズレがある

高所では、呼吸を整えるためにも歩きつづけます。自分の動くルーティンを決めて、20歩歩いたらいったん立ち止まるというように、歩くことで行動のリズムをつくっていく。そのリズムにはまってしまったのか、雪崩の危険に気がつきながらも動きつづけてしまった。なぜ、動きつづけたのか――。

登山では、危ないと思ったら、理由を考えるまえにバックするとか、避けるとか、ルートを変えることをつねづねしています。右に行こうと思えば右に行くし、止まろうと思えば止まる。人間ってそういうものだと思っていた。

ところが、明らかに危険だという情報が自分の目をとおして得られているのに、やめるという判断に数秒かかってしまった。このときはじめて、人間の判断には、気づいてから行動するまでに大きなタイムラグが生じることがあると気がつきました。それまで、そのラグは大きなものではなく、反射的に行動できると思っていた。ところが、判断と動きは一致していなかった……。

くり返しになるけれど、じっさいに雪崩が起きたかどうかはわからない。登山家でも「行く」という判断をする人もいたかもしれません。同じ状況でも、行けると判断して進むならそれでいい。でも、今回は、自分でやめるべきだと思っていたのに、体が動きつづけてしまった。この10歩のことを、いまでも後悔しています。

「しかたない」ではすませられない

C2にもどってきたのはお昼まえ、10時ごろです。テントで待っていた阿蘇さんから1杯お茶をもらったあと、そのまま倒れるように寝てしまいました。登頂できなかったとはいえ、7700mを超えるあたりまで登っていたから、そうとう消耗していた。

私が目を覚まして、片づけをしているときでした。くやしくて、「あー、登れなかったな」というようなことをつぶやいた。すると、阿蘇さんが「まー、しかたないっすよ」と言ったんです。もちろん阿蘇さんに悪気があったわけではない。慰めてくれたんでしょう。けれども、登れなかったあとに「しかたない」ということばはいちばん聞きたくなかった。

帰還後のC2のテントで

「しかたない」と言ってしまうと、それで終わりです。思考停止で、あとには何も残らない。「運が悪かった」というのもそうですが、「私はもうこれ以上考えません」と言っているのと同じ。雪崩のリスクじたいは人間の力でどうにもできなくても、登れなかったのは自分のせいです。それなのに、「しかたない」は何か別のもののせいにしてしまっている。

もう二度と来ないなら、しかなかったとすませていいかもしれません。でも、私たちはまた来る。

しかたないですませたら、また来ても、またしかたない何かで終わってしまう。なんで登れなかったのか、どうするべきだったのか、もっといい方法はないのか、それを考えつづけなければいけない。しかたないで片づけてしまうと、ここまで来たこともチャラになってしまう。

しかたないですませるなら、山に登る必要もありません。山に登ることにどういう意味があるかは自分で見いだしていくもので、それこそが登山です。阿蘇さんは何気なく言ったことばだと思うけれど、私も中島さんも感情的になってしまいました。

その日のうちにC２を撤収して、夜までかかりながらＢＣへ下りました。猪熊さんの予報どおり、つぎの日にはＢＣの気温もグッと下がって、上部では激しく雪煙が上がっていた。とてもくやしい登山でした。

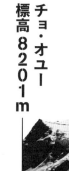

Cho Oyu
2011

幻覚のなかの軌道修正

13座目

チョ・オユー
標高8201m

去年の挑戦から1年。竹内はふたたび、チョ・オユーへもどってきた。パートナーは前年も同行した中島健郎。失敗に終わった前年の登山について、竹内は中島と出会ったことが最大の成果だと話す。

「昨年は登頂できませんでしたが、中島さんとはスピードや行動量の足並みがそろっていて、いっしょに歩きやすかった。パートナーとして中島さんに出会えたことはすごく重要なことでした」

この時点で竹内が登頂していなかった8000m峰はチョ・オユーとダウラギリの2座。長くパートナーだったラルフは2009年に、そしてガリンダはこの2011年に、それぞれ14サミッターとなっている。残る2座に登るには竹内自身で新たな登山パートナーを探さなければならない。このことは、14座登頂をめざすうえでの課題のひとつだった。その「答え」が中島だったのだ。

カトマンズを経由して8月末にチベットへ入り、9月5日にBCを設営した。高度順化のペースも去年と同様。最初のC1入りでそのまま1泊してBCへ下山。つぎにC1に1泊後、C2に上がり、そのまま2泊してBCにもどる。イレギュラーで体への負担も大きいが、順化スピードが速い、竹内流のメソッドだ。9月9日にC1ステイ、16、17日にC2ステイと順調に順化を進め、登頂の準備は整った。

しかし、去年も苦しんだ悪天候がこの年も続く。8月下旬には明けることが多いモンスーンが、9月半ばを過ぎても続いていたのだ。BCも連日大雪。気象予報の提供を受ける猪熊隆之から「モンスーン明けとみられる」との報が届いたのは、9月27日だった。

「なかなかファイナルステージに入れず、登山を中止する隊も多くありました。でも、私たちには時間があったし、粘れるだけ粘ろうと思っていたんです」

事実、竹内は登山開始前のブログに「終了日程も帰国日程も完全未定、登れるまで粘る」と書いている。一方、公募隊は終了日程が決まっているケースが多いし、シェルパたちもチョ・オユーのあとに別の仕事をスケジュールしている。とくにこの山は8000m峰デビュー、場合によってははじめてのヒマラヤ登山に選ばれることも多く、クライアントとシェルパの力関係が逆転しやすい。シェルパに「無理だ」と言われればなすすべがなく、下山していく登山者が大勢いたのだ。シェルパたちにとっては、「無理だ」とクライアントを説得しながら登頂者が出ると、示しがつかない。

「多くのシェルパに『今年はあきらめろ』と言われました。準備していると、テントが流されたとか、首まで埋まるラッセルだとか言ってくるんです。でも、何を言われてもかならず自分で見て判断します。去年もほかの隊が無理だと下山するなかで登って、自分で見てあきらめた。その過程が大切なんです」

竹内と中島はモンスーン明けの翌日、9月28日にBCからサミットプッシュへ出た。前回同様、標高7090mのC2からC3を飛ばして直接頂上をめざすハードな行程だ。

「無酸素では、高所の滞在はできるだけ短いほうがいいんです。キャンプを増やせば1日よぶんにかかるうえにテントなど装備も上げなければならない。中島さんと私のスピードなら行けるという判断です」

お決まりの写真を撮って「登頂」

9月30日の夜中、1時にC2を出て、お昼の12時過ぎに登頂しました。7700mまで登った前年とは雪のつき方も違って、別の山のようでした。1週間ほどまえに韓国隊がきびしい天候のすきまをピンポイントでついて登頂していたけれど、トレースは消えていて、フィックスロープもほとんど設置されてい

広大な頂上台地を行く著者

ない。今シーズン〝一番乗り〟のような状態に近かった。

　チョ・オユーの頂上は台地状になった広い場所です。8000mという高さの上にバーッと氷の大地が広がっている。そのため、どこが最高地点なのか厳密にはよくわからない。明確な決まりがあるわけではないですが、私たち8000m峰の登山をする人間のあいだでは、頂上台地のへりまで行って写真を撮ることが登頂の証だとされています。頂上のへりまでいくと岩壁でスパッと切れおちていて、向こう側にエベレストとローツェが見える。そこまで行けばたしかに行き止まりなので、そこでエベレストとローツェをおさめて写真を撮ってくれば、まちがいなく登頂しているというわけです。

この日は快晴でした。エベレストやローツェの頂上からチョ・オユーを見ると、かなり遠く感じます。ところが、チョ・オユーからエベレストを見ると、すごく近い。なんだか飛びうつれそうなほどです。猪熊さんの予報どおり、天気はパーフェクトでした。ただ、これも予報どおりものすごく寒くて、鼻水でつららができていた。あまりに寒かったので、フードをかぶったまま、お決まりの写真を撮りました。

中島さんははじめての8000m峰登頂です。中島さんは少し高度順化に時間がかかるタイプですが、順化したあとは強い。30mのロープを1本とごつい一眼レフカメラの撮影

登頂写真。後方にエベレストとローツェが見える

機材分、私より荷物が多いのに、私より早かった。

足跡を追って

12時41分に、頂上をあとにしました。中島さんがさきに下っていって、私がそれを追いかけていきます。

頂上台地をはずれて降りはじめるところで、先行の中島さんの姿がフッと見えなくなりました。姿が見えなくなるとはいえ、来たときの足跡をたどって帰るだけだし、まちがえるはずがない。でも、中島さんの足跡を追って頂上台地の端まで来ると、中島さんの足跡が少し下で大きくトラバースしているように見えました。それが私には、どうも中島さんがいったん降り口をまちがえて、ルートを修正しているように感じた。それで私は、頂上台地のふちをトラバースすることにしました。中島さんの足跡をついていくと、ふたりともまちがえることになると思って。

中島さんの足跡と同じ方向にトラバースしていったら、朝、下から上がってきたときの足跡と合流するはずです。ところが、なかなか足跡に行きつかない。右へ行ったり左へ行ったり右往左往して……。最終的には、中島さんがトラバースしていった側と同じほうに足跡を見つけました。あ、これだ――。そう確信して下りはじめた。けっこう時間をロスしていたし、ドンドン下りました。

明らかに踏み跡があったし、ロープも出てきた。ここがルートでまちがいないはずです。ロープは見覚えがなかったけれど、朝は見逃した古いロープだろうと考えた……。なんとなく違和感はありました。でも、頂上台地から続いていたトレースはここだけだからと、そのまま下りつづけた。標高差で300～400mくらい降りたと思います。

しばらく行くと、明らかにキャンプのあとのような、テントを立てていた跡やゴミが散らばった場所がありました。トイレの跡も。降りた距離から考えると、C2に着いてもおかしくないように感じたし、地形もC2に似ていた。もしかしたら中島さんがさきに着いてC2のテントを撤収したのかも、何をかってな……、なんてことも考えました。

ガーベジ・イン・ガーベジ・アウト

でもたぶん、あれは幻覚でした。低酸素と疲れの影響で、ありもしないものを見ていた。

いつから幻覚がはじまっていたのかはわかりません。もしかしたら、頂上台地の端で中島さんの足跡を見たのも幻覚だったのかもしれない。ほんとうに足跡があったのかもしれないし、私の勘違いかもしれないし、シュカブラ★を足跡だと見まちがえたのかもしれない。それはわかりません。

幻覚は脳が見ているから、夢といっしょです。夢って、あまりにも非現実的なものは夢とわかるかもしれないけれど、現実的な夢を見ているときは夢なのか現実なのかわからない。このときも、足跡とか、ロープとか、状況にマッチしているから見分けがつかない。本物だと思っていました。

やはり、ここはぜったいにC2のはずだ。テントがないということは、中島さんがかってにテントをたたんで下っていったとしか考えられない。ものすごく腹が立った。このとき、ようやく中島さんに電話が通じました。歩いているときから何度かかけていたけれど、中島さんの電話の電源が入っていなかった。登頂後に別れてからはじめてのコンタクトです。

なんでかってに降りるんだ、と怒ったら、中島さんが驚いたような声で言いました。「いまC2に着いたところだ」と——。それでようやく気がついた。ここはC2ではないんだ……。驚きと、どうすればいいんだという絶望感。こ

シュカブラ
強風と低温で雪の表面にできる波のような模様のこと。「風紋」などともいう。

こがC2ではないとすると、自分がどこにいるのかまったくわかりません。登り返すしかない。

迷ったときに下りつづけると、ガケぎわなどに迷いこんで身動きがとれなくなることがあります。山では、迷ったら正しいと確信できる場所までもどる。それがセオリーです。もちろん、そのまま下るほうがらくだし、そうしたい。ルートがつながっているなら、ちゃんともどれるかもしれない。けれどもやっぱり、もしあのまま下っていたら、死んでいたと思います。2006年のカンチェンジュンガ（P128）のときは、ルートをロストしながらも、キャンプより上部にいることがわかったので、下りつづけました。もどることはそもそも不可能だった。

このときは、幻覚を見ているなかで正常な判断をした。おかしいと思ったらもどることが習慣化されているから、ここがC2じゃないとわかったことで正常な判断ができたのでしょう。ただ、コンピュータ・サイエンスのことばで「ガーベジ・イン・ガーベジ・アウト」という表現があるとおり、まちがった情報のなかで的確な判断をしても、まちがった結果しか出てこない。このときは「幻覚」というまちがった情報のなかで、登り返すという正常な判断をしました。判断は正しいのに、中島さんにルートの状況を聞いて登り返していっても、どこにも合致点を見いだせない。結局、頂上台地のふちの迷ったところまで登り返しました。それでもやっぱり正しいルートがわかりません。

見覚えのある「現実」との遭遇

登り返している途中、だんだん日が暮れてきて、それはみごとな夕焼けになりました。たぶん、あれは幻覚じゃなくて、ほんとうだったはず……。

焦りはなくて、正しいルートにさえ合流できれば、夜通し歩いてでももどれるだろうと思っていました。下へ降りれば降りるほど、空気も濃くなってくる。だから、焦りというよりも、早くもとのルートにもどろう、とりもどそうという意識が強かった。けっこう淡々と歩いていました。

頂上台地のふちまで登って、それからまたトラバースして、最初に迷ったところまでもどりました。もう真っ暗になっていた。そこでもう1回、中島さんに電話しました。中島さんも私を迎えにこようと、C2を出て、私たちは飛ばしたC3を過ぎ、かなり上まで上がってきてくれたようです。ヘッドライトをチカチカさせても、まったく見えませんでしたが。

日が落ちてしまっては、ルートを見つけることもできない。しかたない、もうビバークしよう——。

　ビバークする場所を探すため、最初に足跡だと思ったあたりを下りはじめました。ビバークするには、少しでも標高を下げたほうがいい。下山するためではなくビバークするために、明日また登り返すつもりで、とにかく下へ降りはじめた。そうしたら、見覚えのある尾根が見えてきたんです。朝、あんな尾根を乗りこえた気がするな——。近づいてみると、やっぱり見覚えのある岩があって、足跡もありました。

黒々した闇を照らすヘッドライト

　ふだんから、岩や地形はかなり意識しながら登っています。はじめてお使いにいく子みたいに、ときにはふり返りながらルートを頭に刻みこんでいく。だからヘッドライトの明かりだけでも、見たことのある岩、さわったことのある岩というのは、あるていどわかります。もちろん、似たような岩が多いからひとつで完全にわかることはないけれど、岩とか地形とかの組み合わせで、かなり同定できる。

混乱の末の軌道修正成功

ビバークするつもりで下りはじめたけれど、正しいルートを見つけたかもしれない。もうここでまちがいないだろう――。そう確信して、どんどん下っていった。ところが、ここで、また新しいロープが出てきてしまった。これにはほんとうに混乱しました。

朝、この場所にロープはぜったいになかったはず。正しいと思ったけれど、もしかしたら、またまちがった場所に出てしまったのかもしれない。見つけたと思った足跡は、さっきまちがえた自分の足跡だったんじゃないか……。しかし、もうどうにもなりません。もう一度登り返すわけにも行かないし、そのロープに沿って下っていきました。幻覚を見ているのかも、という意識はあるから、かなり強くロープを引っぱって確かめる。幻覚って、見ているだけのイメージがあるけれど、幻聴も聞こえるし、あらゆる感覚がやられています。ロープを引っぱって本物だという感覚があっても、それでほんとうに確かめられているのかは、よくわからない。それでもやらないよりはいいだろうと、何度も強く引っぱりました。

そこから先も、何度も幻覚を見ました。C2に着いたとか、人がいるとか。そうこうしていると、下からほんとうに人が上がってきた。ベースキャンプで何度も会っていたシェルパでした。私たちから1日遅れでサミットプッシュに上がってきていたチームがあって、彼はそこのシェルパだった。幻覚かと思ったロープは、そのシェルパたちがクライアントのために張っていたものでした。クライアントより1日早く出て、私たちが頂上に行っているあいだにロープを張ったそうです。

ようやく、ほんとうにようやく、完全に正しいルートにいると確信できました。そこは、あと1時間くらいでC3という場所でした。その時点で真夜中、日付が変わるかどうかくらいだったと思います。すぐに、そのシェルパのチームのクライアントたちもゾロゾロと上がってきました。どこから涌いてきたんだというか、それこそ幻覚なんじゃないかと疑うような、数時間前からは考えられない光景でした。

下りながら、ところどころでうつらうつらしていて、C3を過ぎてC2に向かっているところで夜が明けた。夜が明けてくると、目がかすんでいることに気がつきました。明らかに低酸素の影響です。不鮮明な視界の向こうに、C2が見えていました。

C2での凍傷手当

C2に着いたのは10月1日の朝7時ごろ。前日の夜中の1時に出発しているから、30時間行動です。C2のテントには中島さんがもどっていました。

このとき、私の右足は凍傷で白っぽくなっていました。凍傷になっているかどうかは、歩いているときにはっきりはわからない。それでも、ヤバイなという状態はわかります。冷たさや寒さを感じなくなる。感覚がなくなってくると、凍傷のリスクがあります。どのあたりから感覚がなくなっ

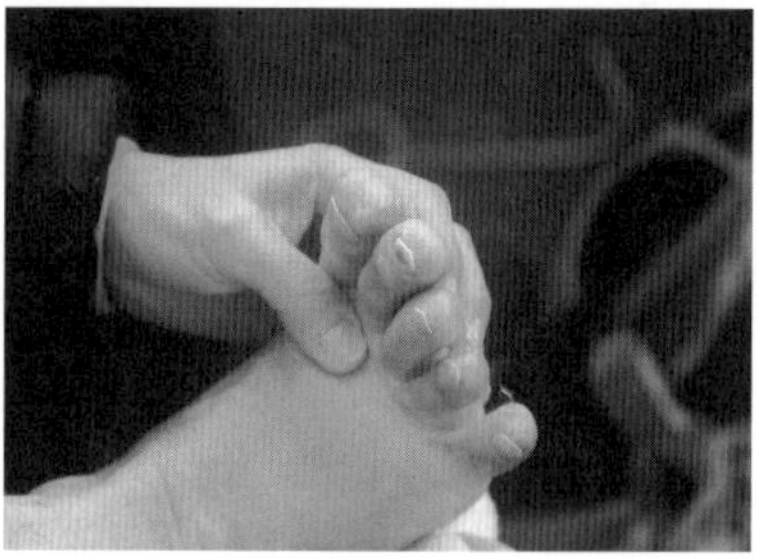

凍傷を負った右足

ていたかは定かではありませんが、ヤバイなと思いながら下っていました。

とにかく体に血を巡らせなければと思って、中島さんにどんどん水をつくってもらって大量に飲みました。循環改善に効果があるといわれる消炎鎮痛剤を飲んで、ボトルにお湯を入れた即席の湯たんぽを足に当てて。ただ、見た感じで指を切断するまではいかないだろうとわかったので、それほど悲観的にはなっていません。

登山家というと、手足の指をかなり落とすイメージがあるかもしれないけれど、けっしてそんなことはない。ただ、一度凍傷になって指を落とすと、ほかの指も凍傷になりやすくなります。それで、何本も落としてしまう人もいる。指を落としてしまうと、８０００m峰に登るのはかなりきつくなると思います。14座に登頂している人では、指を落としていない人のほうがずっと多いはずです。

山は、下ってきて完結する

C２で3時間くらい休んで、それからテントを撤収して下りました。それこそ牛歩のようにゆっくりと。凍傷も目のかすみも低酸素の影響が関係しています。さらに、凍傷は時間が経つと水ぶくれになって靴が履けなくなる。なんとしても標高を下げる必要がありました。

ほんとうに消耗していた。C1まで降りてきたときに、中島さんはここで泊まるか、いったん荷物はC1に置いて空荷でBCまで下って、明日とりにこようと提案しました。たしかにそうしたかった。でも、これだけ消耗していたら、明日上がってくるのはぜったいに無理です。ならば、いま無理をしたほうがいい。C1にデポしていた荷物もすべて背負ってBCまでいっきに降りました。空荷だとC1からBCは2時間くらいで下れるのに、この日は6時間かかりました。

BCについたのは夜の11時半くらい。サミットプッシュに出た9月30日は夜中の1時にC2を出て、昼の12時に登頂して、C2に帰りついたのが10月1日の朝7時。それから3時間くらい休んでまた10時間以上歩いてBCです。まる2日間ほぼ動きっぱなし。疲れた……。

チョ・オユーは技術的にはそんなに難しくないし、こういう事態が起こる想定もあまりしていなかった。それでも、こんなことが起こる。このチョ・オユーは、登りよりも下りのほうがたいへんでした。下りのほうが明らかに過酷で、試された。山は「登る」という行為だけじゃない。登頂して、下ってきて完結するのが基本だと、あらためて示してくれた山でした。

今回のチョ・オユー登頂が8000m峰13座目で、14座完登まであと1座になりました。「あと1座」ということでインタビューもたくさん受けたけれど、自分のなかではもうひとつの意識のほうが強かった。つぎは、あのダウラギリだ――。

つかまえちゃダメな人

2008年以降、竹内の遠征の予報を担当。自身のヒマラヤ登山経験もふまえた予報について、竹内は「いっしょに登山しているかのよう」と全幅の信頼を置く。猪熊は竹内を「気づかいの人」と評し、深い信頼関係をうかがわせる。

竹内さんの遠征の予報を担当したのは雪崩事故の翌年、2008年からです。竹内さんとは私が気象予報士になるまえからの知り合いで、気象予報士をめざしていることを話したら、「じゃあ、オレの予報を出してよ」と言ってくれていた。冗談だと思っていたけれど、2007年に資格をとったら、翌年すぐに声をかけてくれました。

ヒマラヤの予報は平地とはまったく別の難しさがあります。地形が複雑で標高による差も大きい。風の吹き方ひとつで天気は大きく変わるし、場所によってリスクもぜんぜん違う。現地の竹内さんとコミュニケーションをとりながら、風の動きや空のようすを伝えてもらって双方向で予報します。ときには写真や映像も送ってもらう。竹内さん自身も天気にくわしいから、細

猪熊隆之
（いのくま・たかゆき）

1970年生まれ、新潟県出身。山岳気象予報士。チベット・チョムカンリ登頂、エベレスト西稜登攀（7650mまで）など、ヒマラヤ登山経験が豊富。母校・中央大学山岳部の監督も務める。2011年、高尾山からエベレストまで山の天気予報を配信するヤマテンを設立。

かく指示を出さなくても、ほしい情報を的確に送ってくれるんです。

「竹内さんなら行けるかどうか」も考慮します。たとえば、登頂日の翌日が荒れそうで、登頂日にC3までしか下れないなら危ない。けれど竹内さんならC2まで下れるはずで、なんとかなりそうだ――そんな判断をすることもある。

竹内さんは、ぼくの予報を完全に信じてくれます。そして、かならず自分をそこに合わせる。「この日が登頂にベストな天候」とわかったら、高度順化も体調もぜったいにそこに合わせてきます。そのぶんプレッシャーもある。サミットデイは1日じゅう衛星画像をにらんでいますね。

そんなこともあって、私もいっしょに登っているような感覚になる。コミュニケーションしながら予報を出すなかで、私の意識もヒマラヤへ連れていってもらっているんです。竹内さんの登頂日に、家の近くのちょっとした坂道がものすごく苦しく感じたこともあります。目の前に竹内さんがいるかのように、いっしょに成功を喜んだり、いっしょに悲しんだり。かれらのドラマにちょっと入れてもらっていたというか。

私も山で数百m滑落した経験があって、竹内さんのケガは他人ごとじゃありませんでした。竹内さんが14座目のダウラギリに挑んでいるときは、自分のケガや、竹内さんが入院しているときのこと、いろいろなことを思い出しました。ぜったいに登頂してほしい一方で、最後だと思うと寂しい気もした。登頂して無事帰ってきたときはほんとうにうれしくて、誇らしかった。

竹内さんは、つねにおもしろいアイデアをもっていて前向きな人。登山にせよ、ほかのことにせよ、自分のしたいことに忠実だし、まわりを楽しませようとする心づかいもある。飄々としていて、つかみどころがない一面もあるけれど、つかまえちゃダメなんだろうなと思います。

Dhaulagiri
2012

極限の夜を越えて

14座目

ダウラギリ
標高8167m

日本人初の8000m峰14座登頂まで、あと1座――。否応なしに注目度は高まった。特番が組まれ、カトマンズで竹内を迎えるツアーも募集された。NHKと読売新聞は取材班を現地へ送っている。とくにNHKはファイナルキャンプまでカメラマンを登らせる力の入れようだった。サンスクリット語で「白い山」を意味する高峰、ダウラギリ。チョ・オユーに続き中島健郎が同行した。

「ひとりでの登山を好む人もいるけれど、私はあまり興味がありません。山って、人を結びつける力があって、それが登山のおもしろさだと思うんです。山があったから、私は中島さんとパートナーとして結びついた。人のつながりが広がっていくのが登山の醍醐味です」

最後の1座。そのこともあって竹内はこのとき、「少しぜいたくをした」と笑う。高度順化は、

2009年のローツェ登山のさいと同じくアイランドピーク（6189m）でおこなった。アイランドピークはその山じたいを目的にネパールを訪れるトレッカーも多い人気の山だ。ローツェでは危険地帯の通過回数を少なくするために基礎順化をさきにすませる必要があったが、ダウラギリはかならずしもそうではない。BC入りしてから上部キャンプを設営しつつ順化することも可能だった。遠く離れたアイランドピークで順化する必然性はないが、トレッキングを楽しみながらアイランドピークに登り、頂上直下にキャンプを張ってひと晩を過ごした。その後いったんカトマンズにもどって休息したのち、ヘリでダウラギリのBCに入っている。スタンダードな登山とはずいぶん違った方法だ。

カトマンズ入りから1か月以上を経た5月4日、ダウラギリのBCに到着。気負いはなかった。一方で、別の秘めた思いがあった。1995年のマカルーでともに登頂した田辺治が2010年に雪崩に飲まれ、この山に眠っているのだ。田辺の遭難の報を受けた直後のブログに、竹内はこう書いた。

「なんでも、見抜くかのような、なんでも知ってるかのような不思議な魅力の持ち主でした。悔しいな……」

田辺もまた14座登頂をめざしていて、ダウラギリが10座目というベテランの登山家だった。14座登頂は、それほどまでにきびしいものなのだ。

BC入りした竹内と中島はすぐに登山活動に入った。C1に1泊、C2に2泊して5月10日には順化を終え、BCにもどっている。中島の順化がじゅうぶんでなく、当初予定のC3までは到達できなかったものの、BC入り1週間でサミットプッシュの態勢に入る、ひじょうに順調な登山だった。

しかし、今回もまた、気まぐれな天候が行く手を阻む。午後になると横殴りの雪が降る日が続き、サミットプッシュに入れたのは5月23日のこと。待機は10日以上におよんだ。竹内によると、完璧に高度順化できた状態でもピークの持続は2週間程度。さらに、今回は予定の高度まで達せずに順化活動を終えている。懸念は的中した。23日にサミットプッシュのためBCを出発、24日にはC2入りしたが、中島のペースが上がらない。25日、C2を出てC3に向かう途中で、竹内はある決断をした。

パートナーを降ろす

私たちの高度順化では、いきなり6000mを超えるようなところに体を持っていく。だから、かならず高山病にはなります。さらに、中島さんは私よりも順化のスピードが少し遅い。そういう意味で、順化活動じたいはいつもどおりでした。ただ、サミットプッシュに入っても、中島さんのペースは上がらず、撮影もほとんどできないような状況に陥っていました。

ダウラギリ
ネパール北部に位置し、1838年にカンチェンジュンガが発見されるまでの約30年間、世界でもっとも高いと考えられてきた。8167mのダウラギリー峰を主峰に、7

5月25日、Ｃ２を出てすぐ中島さんに、Ｃ１に下って待っていてほしいと伝えました。本人はそうとうくやしかったでしょう。それでも、高山病は本格的に進行するまえに標高を下げるしかありません。早い段階で決断したほうが安全です。もし回復したら迎えにきてほしいとお願いしました。このときは天候がひじょうに不安定で、登頂できるチャンスは１日くらいしかなかった。中島さんも、登頂できないどころか、撮影もできない状況で登りつづけることはできないと納得しました。

標高７３００ｍのＣ３にはひとりで入りました。ＮＨＫの山村武史カメラマンが同行撮影★していますが、あくまで別のチームとして動いています。軽量化のために、テントのフライシートは中島さんに預けた。ひとりだからロープもいらない。食料も、私はそれほど食べないので、ほとんど持ちもどってもらいました。

山には人を結びつける力があって、それが登山のおもしろさです。だから私は、ひとりで登ることにはあまり興味がありません。それに、高所登山では、パートナーと登ったほうが合理的でもある。荷物を分けあえるし、ひとり用をひとりで持つよりふたり用をふたりで持ったほうが軽くすみます。ロープを使

０００ｍ級の山々が多数周囲にそびえ、雄大なダウラギリ山群を形成している。

同行撮影
ＮＨＫの特番を撮影するため、16人におよぶ隊がＢＣ入りしていた。高所撮影を担う山村武史カメラマンは２０１１年に世界ではじめてエベレスト山頂からの風景をハイビジョン撮影したことでも知られる。

った行動も、ひとりよりはるかにスピーディーだし、コミュニケーションをとりながら行動を判断できる。登頂したという事実をおたがいにジャッジすることもできます。そしてなにより、喜びを分かちあえる。

とはいえ、ひとりでは登れないというわけでもない。滑落するとか、落石に当たるとか、雪崩に巻きこまれるとか、そういった危険は、ひとりでもふたりでも、あまり関係がないことです。それに今回は、中島さんがC1で待機してバックアップに入ってくれる。とても心強く、ひとりになってしまったという感覚はありませんでした。

遅くても、体が動けば問題はない

サミットデイ当日の26日は、夜中の1時にC3を出ました。一般的な行程ではこの上にC4をつくりますが、チョ・オユーのときと同じ理由で飛ばします。無酸素で登る以上、高所での滞在日数は短いほうがいい。

ところが、ラッセルもあってペースが上がりませんでした。といっても、雪はすねくらいで、たいしたラッセルではありません。さきに登頂している人がいるから、完全なパウダーでもない。それでも、踏み跡に雪は積もっているし、当然沈みます。無酸素で、1歩1歩ブレーキをかけられるような状態だから、そうとうの負担でした。先頭を交代しながらラッセルできれば、また違うんですが。

時間的には、途中でひき返すという判断もあったかもしれません。でも、最初から順調に登れるだろうとは思っていないし、不測の事態があったわけでもなく、時間がかかっている理由は明らかだった。ラッセルもかならずあると予想していた。遅れてはいるけれど体も動く、問題ないと判断して突っこみました。

この日のうちにC3までもどれないことは、頂上のかなり手前で覚悟しました。だから、ビバークできそうなポイントを探しながら登っていった。この日1日は天気ももちそうだし、ビバーク装備は持っていないけれど、ひと晩くらいどうにかなります。中島さんがC3まで迎えにくると言ってくれていたのも大きかった。ビバークしてでもC3までたどり着けば、中島さんのサポートを受けられます。単独で登っているという意識はなかった。無茶をしたということではなくて、じゅうぶん自分で受けとめられるリスクの範囲内で行動したつもりです。

自分の体があとどのくらい動くかというのは、かなり感覚的なものです。なんとなくわかる。これ以上スピードを上げるのは難しい、でも、このまま動きつづけるぶんにはまだしばらくもつはずだ――。そんな感覚でした。時間が押していると、無理してでもスピードを上げたくなるけれど、あまりいい結果にはつながりません。スピードは上げず、同時にそれ以上遅くもならないように、エンジンをわずかな力で回しつづけるようなイメージで体を動かす。登頂さえしてしまえば、重力に任せて降りることができます。

爆風のなかの14座完全登頂

現地時間の17時半に登頂しました。昼くらいには登頂する予定だったから、そうとう遅れています。

頂上の稜線に出るまでは無風快晴。ところが、オーバーハング★した氷壁を越えて頂上稜線に出た瞬間、飛ばされるかと思うくらいの爆風にさらされました。NHKのカメラマンが下から登頂のようすをねらっていたので、最初は稜線のへりのあたりを歩いていた。しかし、あまりにも風が強く、すぐにへりの部分を離れて広いところを歩きました。風速ははっきりわかりませんが、猛烈な風

オーバーハング
垂直以上に前傾した岩壁のこと。また、前傾している状態のことを「オーバーハングしている」という。

でした。

ちなみにヒマラヤ登山では、「風速50m」というような数字が出てきます。ただこれは、平地の風速とはぜんぜん感覚が違う。平地では、風速15mもあればかなりの強風で、25mになると、とても立っていられません。一方、標高8000mでは空気が3分の1なので、押す力も3分の1になる。正しい表現ではないかもしれないけれど、風速と風力がぜんぜん違うというか。

ダウラギリの頂上は、8000m峰ではめずらしく、岩がむき出しになっています。風で雪がぜんぶ飛ばされて。頂上には立ったというより、抱きついた感じです。いたのは1、2分くらい。14座登りきったという感慨もまったくありませんでした。とにかく、早く下らなければいけない——。

ルートを見失い、ビバークへ

下っている途中で陽が落ちて、ルートを見失いました。

ほんらいのC4のあたりにビバークできそうなポイントを2か所見つけていて、そこまでは疲れきってヘロヘロになりながらも、なんとか降りてこられた。ところが、そこからC3への下山路がどうしてもわからなかった。道さえわかればもっと降りていきたかったけれど、そのあたりは雪ではなくてガレ場になっているので足跡もない。明るかったらなんてことない場所なのに、ヘッドライトの明かりだけではどうにもなりませんでした。古い残置ロープがいっぱいあって、登ってくるときにそれも見ていました。でも、途中で切れて谷のほうに落ちているロープも多い。ロープを頼りに降りることもできません。

トランシーバーはときどき通じたので、下にいるＮＨＫの人と話すことができました。ヘッドライトの光は下からも見えていて、正しい場所だと思うと教えてもらった。それで、自分がたしかにＣ４（標高７５２０ｍ）のポイントにいることは確信できた。けれどもやはり、そこから先のルートがわからない。ビバークすることにしました。チョ・オユーのときは自分がどこにいるのかわからない状態でしたが、このときは自分のいる場所が正しいことはわかっていました。だから、パニックにはならなかった。それでも、なんとか明日まで生きのびなくてはと必死でした。

ビバークといっても装備もないし、バックパックに足を突っこんで体を休めるていどです。雪もないガレ場なので、雪洞を掘ることもできない。プラスの防寒着を持っているわけでもない。とにかく寒い……。

私はいつも、ファイナルキャンプを出て頂上に向かうとき、テルモスに1リットルの温かいスポーツドリンクを入れて持っていきます。それを少しずつ飲みながら行動する。この日はビバークに備えて、最後のひと口を大切に残していました。ビバークしているときに耐えられなくなって飲もうとしたら、中でカチンカチンに凍っていた。飲めもしない氷をいままで大事に持ちあるいていたのかと思うと、くやしくて腹が立った……。8000mの高所にいても、ひと晩登って降りてくるくらいなら中身はわりと温かいままです。それが、この日はダメでした。

訪れた夜明け

疲れはてていて眠りたいけれど、万が一目が覚めなかったらという恐怖と寒さで眠れません。ときどきウトウトする瞬間があっても、すぐに飛びおきてしまう。東の方を見て、待っている。早く明るくなってこないかな——。ただひたすら、それだけです。ジッとしているのが苦痛で、少しでも寒くない場所がないか、風が当たらない場所がないかとうろうろしたり、体勢を変えてみたり。少しウトウトして、またハッと飛びおきたとき、東の空が白んでいました。

それがほんとうにうれしかった。ルートはすぐにわかりました。なんでこんなところでわからなくなったんだろうっていうくらい。奈落の底のように真っ暗だった足元が明るくなって、見ればすぐ足元にルートが続いていた。

ビバークしていたすぐ下には、別の隊のアメリカ人の登山家がテントを張っていました。顔を出して挨拶するとお茶を出してくれて、ビバークしていたなら入れてあげたのにと言われました。しかし、そこにテントがあることもぜんぜんわからなかった。

ほんとうにボロボロで、C3に着いてテントに入ると、そのままほとんど意識を失うように数時間寝てしまいました。日が当たってテントのなかはポカポカだった……。

その日のうちにC3を撤収して、夜通し歩きつづけました。いつもと同じ。高所に長時間滞在する理由はありません。そこでひと晩休んでも、翌日元気になっている保証もない。ならば、重力に任せてズンズン降りていく。

中島さんと会ったのは標高7000mくらいの場所です。そこまで迎えにきてくれていました。すっかり元気になっていて、本人も、一昨日はなんであんなに調子が出なかったんだろうと思っていたことでしょう。

BCまでの下りで、膝をつく

出会ったすべての人と14座を下りきる

疲労困憊で、中島さんがいなければBCまで帰りつけなかった。荷物はすべて中島さんに担いでもらって、それでも歩けず、ロープをつないで引っぱってもらったほどです。

5月27日、現地時間の22時40分ごろ、BCに着きました。BCにもどってはじめて、14座登頂の実感がわきました。みんながおめでとうと言ってくれて、キッチンキーパーがケーキを用意してくれて。ただ、疲れていてその日は食べられなかった。翌朝、起きて食べようとしたら、「〝ネズミ〟に食べられちゃって、ないんですよ」と言われてしまい、結局、私はひと口も食べていません。

このダウラギリの下りは、あらためてパートナーの大切さを感じる下山でした。中島さんという最高のパートナーに恵まれたからこそ、登るだけではなく、無事に下山してくることができた。中島さんは登頂を断念したあともC1で体調を整えて、全力で私のサポートに当たってくれました。

そして、これはたんなるダウラギリの下山ではなく、８０００m峰14座の下山でもあります。中島さん、これまでの登山でいっしょだったラルフやガリンダ、ほかのメンバーたち、気象予報を担当してくれた猪熊さん、ＢＣで待っていてくれたキッチンスタッフ、ケガのあとで助けてくれた人たちや柳下先生をはじめとする医療チーム……。ほんとうにたくさんのよきパートナーに恵まれて、人との結びつきのなかで14座を登り、そして下りきることができた。

これまでずっと、つぎの山に登るために下ってきました。それは今回も変わらない。ただ、いままで会った人たちみんなといっしょに下る、そのために登ったような気もします。みんなへの感謝を伝える下山でした。

お祝いのケーキを前に。手には愛するコカ・コーラ

つねに帰り道を知っている人

中島健郎
（なかじま・けんろう）

1984年、奈良県生まれ。登山家、山岳カメラマン。竹内のチョ・オユー、ダウラギリ挑戦に同行した。近年は平出和也とペアを組み、カラコルムの難ルートに挑む。平出とともに2018年と20年、「登山界のアカデミー賞」といわれるピオレドール賞を受賞した。

パートナーとして、カメラマンとして14座完登を見届けた。失敗に終わった2010年のチョ・オユーを竹内は「中島というパートナーに出会えたことが最大の成果」と語る。中島もまた竹内から多くのものを受け取ったという。

下山してきた竹内さんの姿が見えたとき、思わず叫んでいました。14座目のダウラギリ。ぼくは高度順化がうまくいかず、C2を出たところで竹内さんに止められて、ひき返しました。パートナーとしていっしょに登頂することも、カメラマンとしてその瞬間を撮影することもできなかった。ものすごくくやしかったし、もし何かあったらぼくの責任も大きい。無事にもどってきた竹内さんを見て、うれしさと、ほっとしたのとで、こみあげてくるものがありました。

ぼくの山岳カメラマンとしてのキャリアは、竹内さんに2010年のチョ・オユーに誘ってもらったことからスタートしました。竹内さんは、被写体として「撮りがい」のある人。すらっとしていて立ち姿もきれい。ずんぐり体型のぼくからしたら、うらやましいです。歩くのが早いから、カメラマン泣かせでもあるんだけど。3度のヒマラヤ登山では、登山家としても多くのことを学んでいます。いちばん驚かされたのは、生きて帰るための判断力ですね。

2010年のチョ・オユーは、標高7700mでひき返しました。雪崩の破断面を見たとき、竹内さんはすぐに決断した。正直、そのときは疑問でした。ぼくひとりなら行っていた。ここまで1か月以上かけて登ってきて、頂上まであと数時間。破断面もすぐに崩れそうには見えません。ふつうなら、なんとしてでも行きたくなる状況です。一方で、万一崩れたら、死んでしまうのは確か。あんな場面でも、その「もし」を把握して、ひき返す決断をしました。

山では、無理をしたり背伸びをしたりすると、かんたんに死んでしまいます。ぼくも多くの友人を山で亡くしてきました。もちろん、難しいルートを登るには背伸びして、120%の力を出せなきゃダメなこともある。竹内さんはそのバランスが絶妙で、つねに帰り道を知っている、生きて帰るすべを知っている人だと思います。

翌年の再挑戦でも、その力を実感しました。下山中に竹内さんが道に迷い、衛星電話が通じたときです。もうだいぶ降りてきていると聞いて、ぼくはなんとかこっちに回ってこられるルートを探したほうがいいと提案しました。ところが竹内さんは登り返す判断をして、8000mまでまた登っていった。迷ったらもどるのはたしかにセオリーですが、あの状況ではとてもできない。深夜から行動して8000m峰に登頂、もう疲労困憊のはずです。下りつつ正しいルートを探そうとするのが「ふつう」でしょう。でも、それが遭難への第一歩なのかもしれません。登り返すだけの体力をまだ残していること、あそこで登り返すという判断ができることが、竹内さんの「強さ」です。

つぎの山へ——14サミッターの現在地

ダウラギリを下りながら、つぎの山を探す

2012年にダウラギリに登頂して、私の8000m峰14座への挑戦は終わりました。1995年にマカルーに登頂してから足かけ18年。ラルフ、ガリンダと「14座登頂を3人の目標にしよう」と決めた2006年から数えても7年をかけての挑戦でした。ただ、「終わっちゃったな」とか、「目標がなくなった」というような喪失感はまったくありませんでした。

私たちは、「8000m峰14座」という山に登ったわけではありません。登山の連鎖の先にあったのが14座です。つぎの山を見つけるために登る。そして、つぎの山に登るために下ってくる。14座を目標としたのも、14座のつぎに登る山を見つけるためです。ダウラギリ登山が終わったときには、つぎにどの山に

Unexplored
2012-

登ろうかという期待感が強かった。

ダウラギリから降りてくると、まわりにあるいろいろな山が目に飛びこんできます。ダウラギリⅣ峰（７６６１ｍ）、シータチュチュラ（６６１１ｍ）、トレッキング中に見えてくるニルギリ連峰……。アンナプルナⅡ峰（７９３７ｍ）も見えていました。じっさいに登るかどうかは別としても、「あ、あそこも登ってみたいな」という思いが沸きたってくる。選択肢が広がるのを感じていました。名もない山でさえも、「あの山に登ったらおもしろいんじゃないか」と考えながら帰ってきました。ひと目見たときに、心をかきたてられる山があります。どこから登るんだろうかと、山とせめぎあえるような様相で、頂上までの美しいラインを思い浮かべられる。そんな山がある。標高とか、とがっているか、なだらかかなどというのはあまり関係ありません。

未踏峰への好奇心

そんななかで出会い、つぎの目標にしたのがネパールのマランフラン（６５７３ｍ）です。マランフランは、公式にはまだだれも登頂したことがない未踏峰で、２０１４年にネパール政府が「開放★」した新しい山です。ネパールと中国の国境策定があって、新たな山が開放されるとわかったときに、周辺を探してこの山を見つけました。この山はほとんど知られていなくて、まわりに集落もありません。マランフランという山名じたい、つい最近、いつのまにかついたようなものだった。これまでだれも関心をはらってこなかった山です。そこに、強烈に惹かれました。未踏峰である以上に存在すらほとんど知られていない山。どんな山なんだろう。そこに何があるんだろう――。好奇心がかきたてられた。自分で探検してみたいという思いが高まっていきました。開放の前年、2013年には偵察にいっています。

当初、ネパール政府の開放リスト案にマランフランは入っていませんでした。ネパール政府と交渉して、開放リストに加えてもらった。ほんらい、探検ってそういうものだと思うんです。未踏の地に足を踏みいれるだけではなく、足を踏みいれるための準備、交渉も大切だし、そこにおもしろさがある。8000m峰が最初に登られたころのような、かつての登山家、冒険家たちがしたような挑戦を追体験したかった。

開放
それまで登山が禁止されていた山に対し、登山許可を出すこと。ヒマラヤの山中には国境が明確になっていないエリアが多く、国境未確定地域の登山は原則禁止されるが、ネパール・中国の国境協議が完了したエリアに対して、数年ごとに新たに登山許可が出される。背景には、自国が出した登山許可のもとで登頂者が出ると、自国の主権下にあることを強くアピールできるという政治的な理由もある。ネパール政府は2014年、マランフランをふくむ104座を開放した。

人跡未踏の地に足を置く重み

マランフランには2013年の偵察のほか、2014年と2016年の2回、チャレンジしました。結局、登頂にはいたらなかったけれど、未踏峰の尊さは存分に感じることができました。

2014年にトライしたときは、たしかになんの痕跡もない場所でした。標高5900mまで登り、撤退した。1か月かけてなんの情報もないいなかでの登山は、ほんとうに難しいものです。右も左もわからないなかで手探り、足探りで登っていく。一方、2016年、2年を経て再訪したときは、前回1か月かかった最高到達地点まで3日で登ることができた。2年のあいだに何度も雪が降り、風が吹いたはずなのに、まえに私たちが行き来した踏み跡が、光の反射で浮きあがっているんです。一度踏まれた痕跡は、何年も消えないこ

マランフランの山頂（奥）を見上げる著者

とを知りました。その踏み跡を見たときに、人跡未踏の地に足を1歩置くことの重みを痛感した。それが未踏の地のおもしろさなんだろうなと思います。

もしかしたら、マランフランの頂には、開放前にこっそりだれかが立っているかもしれない。しかし、私の登ったルートはたしかに未踏でした。残念ながら登頂はできなかったけれど、私が登頂できずに下山したことさえも、マランフランの歴史や個性や魅力になっていくのかもしれない。過去の登山家や探検家から受けついだものをつぎにひき渡していくのが、私の役割であり責任だと考えています。

古い扉を閉めたさきにある、新しい扉

私がやってきた登山は、新しい登山の扉を開けるものではなく、開いたままになっていた古い扉を閉めるものでした。8000m峰14座は、日本の登山界がこれまで解決できなかった、いわば残された課題です。その扉を閉める、そしてつぎの人が新しい扉を開けられるようにすることが自分の役割だと思っていました。

もちろん、どんな扉を開けるかは人それぞれです。一人ひとりの登山は過去

にとらわれることではないし、さきを定められることでもない。自分自身のなかの扉を見つけだして、開けていってほしいと思っています。わかりやすい課題の多くがクリアされ、新しいことをするのがより難しい時代になっていくなかで、それを見つけてチャレンジする能力は、私たちの時代にくらべても高いレベルで要求される。それができる人が生まれてほしい。

登っては下る連鎖のなかに

2020年は、植村直己★さんと松浦輝夫★さんが日本人としてはじめてエベレストに登頂★して、ちょうど50年に当たる年でした。新型コロナウイルスの流行で実現できませんでしたが、かれらが登頂したのと同じ5月11日に登頂することをめざして、エベレスト行きの準備を進めていました。

いま、私がエベレストに登ることじたいに、登山としての価値や意味はあまりありません。しかし、50年目の5月11日に登ることで、植村さんや松浦さんのことに思いをはせてほしかった。これはラルフから教わったことですが、私たちは山の高さを変えることはできないけれど、登山の価値を変えることはできる。今年、じっさいにネパールを訪れることはかないませんでしたが、「妄

植村直己
1941年生まれ、兵庫県出身。明治大学山岳部で登山をはじめ、日本初のエベレスト登頂のほか、世界初の五大陸最高峰登頂、犬ぞり単独行による北極点到達やグリーンランド縦断など登山史・冒険史に偉大な足跡を残す。1984年、北米最高峰マッキンリー（デナリ）への厳冬期単独初登頂に成功したのち、消息を絶った。同年、国民栄誉賞受賞。

想エヴェレスト」★と題して、現実の登山行程とリンクした投稿をツイッターで続けました。私の投稿を見て、日本人のエベレスト初登頂から50年の節目だと知った人もいるでしょうし、植村さん、松浦さんについて調べた人もいると思う。自分も楽しんだ「妄想」ですが、やる意味はありました。

　登山以外に、いまは教育や防災、ネパールの農業支援にもたずさわっています。これらはどれも、私にとっての未踏峰であり、挑戦です。これからも、己にとっての未踏峰、未踏の地を見つけて、そこに到達する。その先に、新たな自分にとっての未踏峰を見つけだしていく。そして、つぎの未踏の地へ向かうために、下ってくる。そんな連鎖に身を置きたいと思っています。

特設サイトで報告されたエベレストからの下山ルート（妄想）

松浦輝夫
1934年生まれ、大阪府出身。1965年、ローツェシャール（ローツェの衛星峰／8383m）遠征に参加し、当時の日本人最高到達高度である8180mまで登攀。1970年、植村直己とともにエベレスト登頂に成功した。早稲田大学K2登山隊の隊長を務め、西稜ルート初登頂に導く（自身は登頂せず）。2015年、81歳で没。

日本人としてはじめてエベレストに登頂
日本山岳会エベレスト登山隊として挑み、1970年5月11日に第一次アタック隊の植村直己、松浦輝夫が登頂。世界でも6番目のエベレスト登頂だった。翌日には二次隊の平林克敏も登頂。同隊はネパール側のノーマルルートである南東陵のほ

ダウラギリにて。下っていく先に、新たな山々が続く

か、未踏だった南壁の新ルートからの登頂もめざしたが、こちらは8050mで断念した。

妄想エヴェレスト

新型コロナウイルスの影響でネパール遠征を断念した竹内が、2020年4月13日から自身のツイッター上で展開。予定していた登山行程にあわせてカトマンズからBCに入り、高所順応を経て5月11日に「登頂」するようすを過去の写真つきでリアルタイムに報告した。「（注 妄想です）」の但し書きのついたつぶやきをとおして、多くの人がエベレスト登山を追体験。登頂行程では猪熊隆之（P226）がじっさいのエベレストの天気を予報した。特設サイトができ、駐ネパール日本大使から「登頂」成功を祝うメッセージが出されるなど盛りあがった。

おわりに

下山だけの本を書いてみて

14座登頂となったダウラギリの登山には、NHK取材班が同行しました。私は、廣瀬学ディレクター（明治大学山岳部出身）に、登頂までで終わる番組にしないこと、また、登頂できなくても、登山中に事故が起きて私が死んだとしても、番組にすることを約束してもらいました。

ほかのスポーツでは、勝つ試合ばかりではなく、ぶざまに負ける試合や、わずかなミスによって事故が起きることも、観客は目の当たりにし、それを評価し、批判し、受けとめ、見届けます。だからこそ、登山の成功したときだけ、自分にとって都合のいいところだけ、しかも試合の途中の登頂までしか見せないことは、アンフェアだと感じたのです。下山までが登山であり、登った頂上から下ってくることこそが登山なのです。

山の頂上は一点しかなく、その先には空しかない行き止まりですが、そこから下っていく先は、どこに向かうのか、どこまで行くのかを、自由に選び、思いえがくことができます。私は、足下に広がる先に、未踏峰を探しながら下っています。それは、人類にとっての未踏峰ではなく、私にとっての未踏峰です。

「本を書く」といわれますが、本は、書くものというよりも、つくりあげるものであると、あらためて実感しました。この本は、構成をしてくださった川口さん、装丁をしてくださった新藤さん、そして編集の漆谷さんと、多くの時間と労力を費やし、まさに、いっしょにつくりあげた本です。

新型コロナウイルスにより、顔をつきあわせての作業が途中からできなくなったものの、オンラインによる本づくりには、「紙の本」という古典的アナログ製品を、現代のデジタル環境でつくりあげていくおもしろさもありました。

最後に、インタビューを引き受けてくださった方々、私の下山を待ち受け、見届けてくれた、これまでに登山を通じて出会ったすべての方々に感謝します。

２０２０年９月10日　アルバート・フレデリック・ママリーの誕生日に

竹内洋岳

著者＝竹内洋岳（たけうち・ひろたか）

プロ登山家、14サミッター。1971年、東京都生まれ。立正大学客員教授。ハニーコミュニケーションズ所属。アルパインスタイルもとり入れた速攻登山で8000m峰に挑みつづけ、2012年に14座目となるダウラギリ登頂に成功。日本人初の8000m峰14座完全登頂を果たす。2013年、植村直己冒険賞、文部科学大臣顕彰スポーツ功労者顕彰を受賞。現在は、未踏峰への挑戦を続けながら、野外教室や防災啓発などにも取り組んでいる。著書に『標高8000メートルを生き抜く 登山の哲学』（NHK出版新書）、『頂きへ、そしてその先へ』（東京書籍）、聞き書きによる書籍に塩野米松『初代 竹内洋岳に聞く』（ちくま文庫）など。

公式サイト

構成＝川口穣（かわぐち・みのり）

ジャーナリスト、編集者。1987年、北海道生まれ。2012年に山と溪谷社に入社し、登山雑誌の編集にたずさわる。18年に退社後は週刊誌『AERA』などで取材・執筆。宮城県石巻市の無料情報紙『石巻復興きずな新聞』副編集長も務める。編集・執筆を担当した書籍に『ヤマケイ登山学校 ロープワーク』（水野隆信監修、山と溪谷社）など。

取材協力
釣巻健太郎、牛山和人、Ralf Dujmovits、柳下和慶、
猪熊隆之、中島健郎、八尋大輔（通訳）、東京医科歯科大学、
株式会社石井スポーツ、カシオ計算機株式会社

写真提供
Ralf Dujmovits（p.29、p.63、p.64、p.87、p.96、p.106、p.119、p.134、p.151、p.194、p.197）、Veikka Gustafsson（p.181、p.183）、山本宗彦（p.32）、カシオ計算機株式会社（p.133）、ロストアロー株式会社（p.30、p.32、p.53、p.88、p.90、p.91）、株式会社ハニーコミュニケーションズ（カバー、口絵、p.39、p.51、p.66、p.73、p.89、p.92、p.100、p.147、p.160、p.163、p.171、p.172、p.191、p.204、p.207、p.212、p.213、p.219、p.222、p.239、p.241、p.247、p.251）

下山の哲学　登るために下る

2020年11月5日　初版発行
2020年12月5日　第2刷発行

著者　竹内洋岳

構成　川口穣
デザイン　新藤岳史
発行所　株式会社太郎次郎社エディタス
東京都文京区本郷3-4-3-8F
〒113-0033
電話 03-3815-0605
FAX 03-3815-0698
http://www.tarojiro.co.jp
電子メール tarojiro@tarojiro.co.jp

編集担当　漆谷伸人
印刷・製本　シナノ書籍印刷

定価はカバーに表示してあります
ISBN978-4-8118-0843-7　C0075